鍾南山

嗨！有趣的故事

Hi! Story

李秋沅

中華教育

【出版說明】

在文字出現以前，知識的傳遞方式主要就是語言，靠口耳相傳的方式記錄歷史與情感表達。人類的生活經歷、生命情感也依靠著「說故事」來「記錄」。是即人們口中常說的「傳說時代」。然而文字的出現讓「故事」不僅能夠分享，還能記錄，還能更好、更廣泛地保留、積累和傳承。

《史記》「紀傳體」這個體裁的出現，讓「信史」有了依託，讓「故事」有了新的準則：文詞精鍊，詞彙豐富，語言精切淺白；豐富的思想內容，不虛美、不隱惡。選擇人物一生中最有典型意義的事件，來突出人物的性格特徵，以對事件的細節描寫烘托人物的情感表現，用符合人物身分的語言，表現人物的神情態度、愛好取捨。生動、雋永而又情味盎然。

「故事」中的人物和事件，從來就是人類的「熱門話題」。她是茶餘飯後的趣味談資，是小說家的鮮活素材，是政治學、人類學、社會學等取之無盡、用之不竭的研究依據和事實佐證。

中國歷史上下五千年，人物眾多，事件繁複，神話傳說與歷史事實並存，正史與野史交錯互映，頭緒繁多，內容龐雜，可謂浩如煙海、精彩紛呈，展現了中華文化的源遠流長與博大精深。讓「故事」的題材取之不盡，用之不竭。而其深厚的文化底蘊如何呈現，怎樣傳承，使之重光，無疑成為《嗨！有趣的故事》出版的緣起與意趣。

《嗨！有趣的故事》秉持典籍史料所承載的歷史精神，力圖反映歷史的精彩與真實。深入淺出的文字使「故事」更為生動，更為循循善誘、發人深思。

《嗨！有趣的故事》以蘊含了或高亢激昂或哀婉悲痛的歷史現場，以對古往今來無數先賢英烈的思想、事蹟和他們事業成就的鮮活呈現，於協助讀者不斷豐富歷史視域和深度思考的同時，不斷獲得人生啟迪和現實思考、並從中汲取力量，豐富精神世界，在實現自我人生價值和彰顯時代精神的大道上，毅勇精進，不斷提升。

【導讀】

父母都去上班了，十一歲的少年拿著家裏最大的一把布傘，快步上樓。到了三樓，他推開窗子，慢慢撐開傘，猶豫了一會兒，低頭一看，樓下是一片草地。草地上的草很厚實，綠色有點晃他的眼。他的心怦怦跳著，他又抬眼看了看頭頂撐開的傘。他已經決定要冒一次險。他太想像空中的鳥兒一樣飛翔了。他沒有翅膀，也沒有武藝，但他有這把大傘。他確信，如果撐著傘躍下，就猶如有了降落傘，他將像蒲公英的種子那般在風中飄搖下落，而後安全地落地。

整個過程快得沒給他絲毫反應的時間，但樓下厚厚的草皮救了他一命，幸好不是頭部著地。少年躺在草地上，腦袋裏一片空白，他無法思考，亦無法動彈。時空凝滯，時間彷彿從他的生命中逃遁。

少年在草地上躺了一個多小時，才從撞擊的疼痛與震驚中回過神來。他試著動了動身子，舉舉手，抬抬腿，全身上下都能動。他喘了口氣，慢慢從草地上爬起來，走了幾步。腰部很不舒服，但還可以忍受，除此之外，他沒發現自己和從前有什麼不同。

父母還沒回來，他慢慢往屋裏走，方才的一切，恍若一夢。這事，他沒敢告訴家裏的大人。

這是他第二次近距離面對死神。十年前，他在不滿週歲時，也曾遭遇危險，但那是被動遇險而後死裏逃生；而這一次，他出於少年的魯莽，主動接近死神並再一次逃脫。他肯定不會想到，五十五年之後，他將再一次主動近距離面對死神，並用自己的勇氣與智慧，撐起一方藍天，庇護千千萬萬的同胞，抵擋死神的凶狠進逼。

這位少年就是鍾南山。

目錄

鍾家的男孩

鍾南山——這是一個美好的、蘊含著祝福與期盼的名字。

一九三六年十月二十日，在南京中央醫院，兒科主治醫師鍾世藩從護士手中接過初生的嬰兒。嬰兒閉著眼，緊握拳頭，用盡全身力氣啼哭著，哭聲響亮。鍾世藩笑了。這是鍾家的孩子，他和廖月琴的長子。這年，鍾世藩三十五歲，廖月琴二十五歲。

鍾世藩一九〇一年出生於廈門，父母去世得早，他很小的時候就成了孤兒，跟著叔叔在廈門讀書。因為沒有父母照顧，鍾世藩從小便堅強獨立。他發憤苦讀，中學畢業後，考入了北京協和醫學院。一九二四年，北京協和醫學院僅招收四十名新生。經過幾年寒窗苦讀，一九三〇年鍾世藩順利畢業，獲得醫學博士學位。同屆的四十名醫學院學生，只有八名順利畢業，鍾世藩就是其中的佼佼者。身世坎坷的鍾世藩，如一顆落在岩石上的種子，在逆境之中倔強生長，成了一名受人尊敬的兒科醫生。

鍾世藩父母早亡，童年不幸，而他美麗溫婉的妻子廖月琴，則自幼備受父母呵護，童年生活幸福而美好。一九一一年，廖月琴出生於廈門鼓浪嶼頗有名望的廖氏家族。廖家家道殷實，家風良好，子弟知書達禮，在島上頗受尊重。林語堂之妻廖翠鳳，亦出自廖氏家族。廖月琴是家中的二女兒，她還有姊姊廖素琴和弟弟廖永廉，她的童年時代是在廖家老宅度過的，後來又搬進了離老宅不遠的、由父親親自設計建造的廖家小樓裏。

她和家人就在廖家小樓裏生活，讀書、彈琴、嬉戲……日子平安而喜樂。少女時代，廖月琴在鼓浪嶼毓德女中就讀。二十世紀二三〇年代，是廈門女子教育發展的黃金時期。當年的鼓浪嶼毓德女中，是廈漳地區教育水準最高、影響力最大的女校。毓德女中以培養德智體群四育並臻的巾幗完人為教育目標，以拓寬女生視野胸襟，培養女生擁有服務社會、博愛奉獻之精神為己任。從毓德女中畢業的廖月琴，並不像從前在深閨的女子那般，而是擁有大氣魄，多才多藝。她精通英文，運動、演說、音樂等各方面的才能都很出眾。中學畢業後，廖月琴考上北京協和醫學院的高級護理專業。一九三四年，廖月琴與鍾世藩成婚，隨夫北上南京，離開了她父親親蓋的廖家小樓。

鍾世藩給他和廖月琴的長子起名為「鍾南山」。孩子在南京中央醫院出生，醫院就在南京鍾山的南面，以「南山」為名，既契合了孩子的出生之地，又蘊含了諸多美意。古人曾留下「知者樂水，仁者樂山……知者樂，仁者壽」的名句。以「山」為名，蘊含著仁與壽的祝福，而山之巍巍、山之剛毅、山之沉穩、山之胸襟廣闊、山之志向遠大，亦契合鍾世藩心中頂天立地的男子漢的品格與風貌。鍾世藩希望這個叫「南山」的孩子，如山般健碩強壯，如山般剛毅難以摧毀，如山般遇風雨而傲立，如山般擁有廣博而仁厚的胸懷和遠大志向。

戰爭的陰霾

戰爭的陰霾逼近，血雨腥風裹挾著苦難與死亡，獰笑著為中華大地拉開悲痛的序幕。這個叫「南山」的孩子，出生於被戰爭陰影籠罩的危急時刻，必定會遭遇諸多命運的考驗。

而他稚嫩的生命，真的會如巍然屹立的山，扛住血雨腥風的洗禮嗎？命運正等待著他交出答案卷。

一九三七年七月七日，「盧溝橋事變」爆發。日本侵佔北平、天津，進逼上海。八月十三日，日本海軍陸戰隊向淞滬鐵路天通庵站至橫濱路的中國守軍開槍挑釁，並在坦克掩護下沿寶山路進攻，上海的中國駐軍奮起抵抗。

一九三七年八月十五日，南京的空襲警報聲響了起來，轟炸機轟隆隆地盤旋在南京上空，這是日軍在轟炸完上海後，首次空襲南京。

尚不足週歲的嬰兒鍾南山，竟被命運之手毫不留情地推入刺耳的空襲警報聲與遭遇轟炸的驚恐險境之中。在日軍的一次轟炸中，鍾家所住的房屋被炸毀，而嬰兒鍾南山還在屋裏，外婆與母親驚恐萬分地將他從廢墟中救出來。他滿臉是灰，在瓦礫下憋得臉色發黑，半天都不會哭。倘若外婆與母親的搭救再遲一刻，鍾南山的性命也許就會不保。這是不足週歲的他，第一次面對死神而僥倖逃脫。

此時，從前線退下來的中國軍隊也大批擁入南京，南京城內一片混亂。天氣漸漸涼了，冬日漸近，南京局勢緊張。為了躲避戰火，南京中央醫院西遷至貴陽。鍾世藩帶著全家老小，長途跋涉，跟隨南京中央醫院往西遷移避難，一路風餐露宿，飽經疲乏與辛勞。一路上，衣衫襤褸、一臉迷茫的難民隨處可見，流浪者和乞丐伸著枯乾的手，無望又無助地向路過的人乞討。戰火就在家園燃起，中國百姓的困頓顯而易見，缺衣少食、忍飢挨餓是常態，即便是原本手頭寬裕的人家，經過了戰火的洗劫，也都變得一貧如洗。

一九三七年冬，鍾家在貴陽安頓下來。後來，鍾家又添了個可愛的女兒，鍾南山多了個妹妹。鍾世藩也借出生地的地名「黔」，給這個女兒起名為鍾黔君。鍾南山和妹妹在貴陽慢慢長大了。白天他上幼兒園，晚上則與家人在一起度過快樂時光，母親樂於陪他和妹妹玩，常給他們講故事。一九四二年，鍾南山在貴陽上了小學。

貴陽是後方，戰爭濃烈的硝煙雖暫時沒有逼近，但危險還是時時刻刻都存在的。一九四三年，鍾家再一次遭遇空襲。那天，鍾世藩夫婦帶著鍾南山和鍾黔君去公園玩。公園裏，孩童嬉戲，蝴蝶紛飛，一派祥和。忽然，尖銳刺耳的空襲警報聲響起，公園裏原本溫馨愜意的氣氛頓時變得緊張起來，孩童的呼喊聲、大人的驚呼聲伴隨著眾人往防空洞逃命的腳步聲，撕碎了祥和與安寧。防空洞太遠了，帶著兩個小孩跑不快，鍾世藩和廖月琴只能就近躲避到玉米田裏。鍾南山躲在玉米田裏，大氣也不敢出，動也不敢動，嚇得臉色發白、手腳冰涼。他聽見一枚枚砲彈呼嘯著落地，而後爆炸聲陣陣。空氣中瀰漫著嗆人的硝煙味，爆炸就發生在不遠處，鍾家所住的地方。

轟炸過後，鍾世藩夫婦帶著鍾南山兄妹回家。眼前，他們的家已被炸成廢墟。好不容易置辦好的可容身的家，又沒了。這回，連鍾世藩夫婦珍愛的醫學書籍——那些千里迢迢、歷盡艱難捨不得丟棄，從南京運來的書籍——也沒了。一切又得重新置辦。房子被炸毀後，鍾世藩一家只好搬進醫院一間臨時搭建的小房子裏。

在貴陽，鍾家的生活非常清貧，一家人能填飽肚子就算不錯了，榨菜算是佳餚，而如果鍾南山和妹妹能吃上一塊豆腐乳，那他們就高興壞了。但對於孩童來說，他們關心的，只有當下屬於孩童的玩鬧與快樂，對於柴米油鹽是否夠用、日子是否清貧，他們並不在意。

儘管一家人在戰爭的陰霾籠罩下生活，但因為有父親母親的呵護與愛，鍾南山和妹妹的童年還是快樂的，鍾南山頑皮淘氣的天性並沒有因所處時代的艱辛而受到壓抑。

父母的教導

在鍾南山的心目中，母親廖月琴是那麼美麗。她的衣著總是那麼樸素，過年穿的帶著碎花的白衫，就是她最花哨的衣服了。但再樸素的衣服，也遮擋不住她的美。她有這世界上最美、最溫柔的眼睛。她總是微笑著，耐心地聽孩子們說話，並不因為他們僅僅是孩童而不重視他們的意見。她也從不嚴厲地訓斥孩子或者霸道地要求孩子服從，若要責問孩子們，她總是婉轉地提出，和孩子們講道理。她對孩子好，對外人也好，善良而又有憐憫心，若有人向她求助，她總會無私地提供幫助。只要家裏人衣服夠穿，廖月琴就會把「多餘」的衣服送給身邊那些非常困難、衣服都不夠穿的人，幫助他們。母親的仁愛與善良，給鍾南山留下了很深的印象。

母親給鍾南山講了許多故事，其中有一個故事，他記得很清楚。有一對夫妻很窮。平安夜到了，妻子為了讓丈夫高興，賣掉了自己心愛的長髮，為丈夫買了條金錶鏈做禮物。這是因為她知道，那沒有錶鏈的手錶，是丈夫的心愛之物。而丈夫，卻賣掉了心愛的手錶，為妻子買了把漂亮的梳子。這個故事是美國作家歐·亨利寫的《聖誕禮物》。鍾南山當時還是個孩子，他雖然無法完全領會故事的深意，但是故事中的人寧願捨棄自己心愛之物也要成全對方的舉動，卻在他的記憶深處烙下了痕跡。母親的悲憫心連同這個故事中的善意，一同在他的心中深深扎根。這善意開出的花兒，一直陪伴他成長，直至他本人也成為一個為他人無私奉獻、贈人玫瑰而不計回報的仁心醫生。

廖月琴是慈母，而鍾世藩卻是嚴父。鍾世藩很嚴肅，不苟言笑，在孩子們面前是威嚴的。他是位盡職的父親，忙完了醫院的工作，回家還不忘輔導上小學的鍾南山做功課。可淘氣的鍾南山根本不領情，規規矩矩地坐著，對他來說簡直像受刑。鍾世藩在一旁用心輔導，他卻心不在焉地巴望著父親的輔導趕緊結束。時間稍微一長，父親還不走，他就坐不住了，藉口要去上廁所，一溜煙逃掉。鍾世藩明知這是鍾南山的金蟬脫殼之計，卻也無可奈何。

鍾家重視孩子的禮節教養，待鍾南山稍稍長大懂事後，他想再像從前那般孩子氣地只顧自己，在飯桌上將筷子伸向最好的菜餚，鍾世藩就不允許了。鍾南山記得很清楚，有一回當他第三次在飯桌上伸筷子挑揀菜餚時，鍾世藩沉下臉，啪地用自己的筷子打掉鍾南山的筷子，低聲訓斥道：「你想一想，別人還吃不吃？」鍾南山頓覺慚愧。父親話很少，有時候吃一頓飯一句話都沒有，但父親的話是很有份量的。父親訓斥的重話如鞭子般抽在鍾南山心上，從此之後，鍾南山再也不敢伸筷子在飯桌上放肆挑揀了。

鍾南山在開明、講理、溫暖、充滿愛的家庭環境中成長，純真而陽光的個性沒有受到壓抑，他活潑開朗，充滿自信。和小朋友在一起玩時，他也敢說敢做。有一回，他和一群大孩子在一起玩。大孩子做了一把木頭槍，大家覺得那把槍有什麼地方不對勁，可誰也說不出個所以然來。機靈的鍾南山一下子發覺，那木頭槍的槍柄太長，如果把槍柄截短點就好了。在那群孩子中間，鍾南山的年齡最小，但他還是大著膽子提出自己的建議，並毫不羞怯地和那些大孩子爭辯。結果，那些大孩子真的都被他說服了。人小鬼大，鍾南山愈來愈自信，愈來愈大膽。

做誠實的人

小學三年，鍾南山是在貴陽度過的。鍾南山很淘氣，學校根本關不住他。他不是個乖學生，時常逃課去玩。每學期，學生得交伙食費給學校。家裏給的伙食費，鍾南山並沒有交給學校。他自己留下了，然後上街買東西吃，沒在學校吃飯。他當然知道這樣做不對，所以也沒敢告訴家裏的大人。

鍾南山上三年級時，母親廖月琴忽然問起給他的伙食費。母親記得，給鍾南山的伙食費應該有多一些，而剩下的錢他並沒有交給大人。

「你交伙食費剩下的錢呢？」廖月琴問兒子。

「我不知道。媽媽您可以去學校問老師。」鍾南山撒謊了，謊話幾乎是不假思索地脫口而出。話一出口，鍾南山就後悔了，但是他不知道該怎麼辦，只有聽任事情發展了。

果然，廖月琴沒有放過這件事。她滿腹狐疑地看了看鍾南山，眼前的孩子明顯神色不對，有事瞞著，但她又問不出個所以然來。鍾南山就是那麼一句話，讓母親去問學校。

鍾南山說了謊，但他現在也只能死扛到底，抵死不承認撒謊。

廖月琴覺得必須把這件事情弄明白，就真的帶鍾南山去學校了。鍾南山臉都嚇白了，磨磨蹭蹭地跟著母親。快走到校門口時，鍾南山怎麼也不肯進學校見老師。見實在瞞不下去了，鍾南山只好向母親承認，伙食費是自己買東西花掉了。母親看著鍾南山，臉色陰沉，鍾南山的心慌張地跳著，後悔得要命。

廖月琴扔下不願進校門的鍾南山，自己單獨進了校門，找老師瞭解情況。回到家裏，廖月琴並沒有過多責備鍾南山，只對他說：「你這麼做是不誠實的。」

父親也知道了這件事。鍾南山很怕父親，等著狠狠挨罵。一向嚴厲的鍾世藩，卻只對他說了這麼一句話：「南山，你自己想一想，像這樣的事應該怎麼辦。」

鍾世藩只跟兒子說了這麼一句話，鍾南山卻想了一個晚上，一宿無眠。鍾南山知道自己錯了。父親沒有打罵懲罰他，但父親的話卻比拿鞭子抽他還讓他難受。少年鍾南山親身體驗到謊言被揭穿後的羞恥與難堪。每個人都得為自己說的話、做的事負責。謊話和錯事結出的苦果，最終得自己承擔。父親的話和這羞恥的記憶，深深地印在他的心裏。

他知道撒謊的後果了。

鍾南山對父親是十分恭順、敬畏的。鍾世藩話不多，卻句句金貴。鍾世藩從不隱瞞自己的觀點，總是直接、真實地說出自己的看法。鍾南山從母親那裏感受到了善良與溫柔，從父親身上，則感受到了嚴謹、勤奮、誠實、規矩和擔當。

嶺南一頑童

一九四四年至一九四五年，鍾世藩到美國辛辛那提大學醫學院進修病毒學。在進修期間，鍾世藩發現細菌對一種病毒有保護作用，他首次觀察到，因細菌繁殖消耗了氧氣，病毒活力反而得到保護。這一發現得到當時在辛辛那提大學的病毒學家賽賓和美國約翰斯·霍普金斯大學的病毒學家豪威的重視。他撰寫的關於這一發現的論文被美國辛辛那提大學兒科研究院院長韋切譽為卓越的論文。除此之外，鍾世藩還發現，鼠胚胎可以作為病毒生長的理想培養基。鍾世藩回國後，繼續做研究工作。

一九四五年八月六日、九日，美軍分別在日本的廣島、長崎投下原子彈。一九四五年八月八日，蘇聯對日宣戰，九日出兵中國東北。一九四五年八月十五日正午，日本天皇通過廣播宣佈投降。一九四五年九月二日，日本外相在美國軍艦「密蘇里」號上正式簽署投降書。九月九日，侵華日軍總司令岡村寧次在南京向中國政府代表呈交投降書。抗日戰爭及第二次世界大戰至此正式結束。

抗戰結束後，中央醫院按計畫從貴陽遷至廣州。一九四五年底，時任中央醫院副院長的鍾世藩帶著一家人坐著汽車，隨醫院東遷至廣州。鍾世藩一家人坐的汽車，就是中央醫院的救護車。醫院遷移，救護車當然也得運到新地點。一家人白天坐著醫院的救護車在路上顛簸，夜裏就住在路邊的客棧。客棧簡陋，蚊子臭蟲很多，他們就和蚊子臭蟲同眠，艱辛跋涉八天八夜才到了廣州。

雖然經歷了抗戰年代，但廣州和貴陽相比，受戰火蹂躪的程度稍輕一點兒，城市風貌尚存。鍾世藩一家在廣州安頓下來，住進了嶺南大學東南區一棟有著獨立院落的三層紅磚樓房。到廣州後，鍾世藩任中央醫院院長兼兒科主任，同時受聘擔任嶺南大學醫學院兒科教授。嶺南大學前身為格致書院，由美國長老教會於一八八八年在廣州創辦。一九二七年七月，經國民政府批准，學校收歸中國人自辦，並正式改名為嶺南大學。嶺南大學有附屬小學、附屬中學。到了廣州，鍾南山就讀於嶺南大學附屬小學。

在廣州，鍾南山有電影看了，他最喜歡看武俠片，片中的俠客一身是膽，俠骨仁心，武藝高強，除暴安良，俠者的仗義與勇氣就此深植於他的心髓。他的膽子更大了，甚至朝著冒險的方向挺進。鍾家的樓前有院子，有草地，樓後就是竹林，竹子長得茂盛，開窗就能看到。鍾南山一住進小樓就發現，有一株老竹長到了樓上的窗台邊，這老竹又粗又壯，簡直就是天然的滑梯。鍾南山趁大人不在家，從樓上窗台攀上老竹，再順著竹子滑下。這事如果被大人知道，肯定會被責罵的，鍾南山只敢在大人不在的時候偷偷玩。後來，他又看上了家裏外牆的排水管道，他也扒著排水管道往下滑到地面。如此，這老竹，這排水管道，就成了鍾南山的祕密滑道，大人不在時，只要他興致一來，就開始他的少年俠客「壯舉」。

他的大膽和好奇心從未收斂。他和一群男孩子早就發現家後邊的竹林是絕佳的冒險天地。竹林茂密，他們這群男孩子在裏頭再怎麼鬧騰，竹林外的大人們也看不見。鍾南山和那一幫男孩子，放心大膽地在竹林裏撲騰玩鬧，快樂自在。

鍾南山的「俠客冒險」繼續進行著。他有了「仇家」。十幾歲的少年，年輕氣盛，一言不合，也就結了「仇怨」。其實那些「仇怨」也都是些雞毛蒜皮的事，但少年郎們把這些「仇怨」與自己的面子掛上了鈎。他們是願意為面子而決鬥的。

十四五歲時，鍾南山長大了些，身體也壯實了，他有膽找「仇家」解決「仇怨」了。他約了「仇家」到竹林裏「決鬥」。他做出了周密的「決鬥」計畫，可沒料到的是，他的同學把他這個計畫悄悄告訴了「仇家」的父親。「仇家」的父親一聽，趕緊找到鍾世藩，告知他這些孩子準備胡來。

鍾世藩把鍾南山叫了過來。父親面色一沉，如此鄭重其事而威嚴的模樣把鍾南山鎮住了。鍾世藩看著鍾南山，非常嚴厲地說，他知道鍾南山想打架，而且是要「決鬥」。他不允許鍾南山第二天出門，說如果鍾南山敢出家門，就別認他這個父親。

父親真的生氣了，而且火氣不小。鍾南山從沒見過父親如此嚴厲，如此生氣。「決鬥」的事走漏了風聲，他非常懊惱。他已經給「仇家」下了戰書，而且還告知了身邊幾個好朋友，可第二天出不了門，也就根本沒法應戰，這豈不就是臨陣脫逃、還讓人笑話？太丟人了。可再丟人，也比父親不認自己好點啊。鍾南山左思右想，還是沒敢違抗父親的命令。

有幾個好朋友來到鍾南山家中，他們過來是想在「決鬥」中為鍾南山助威。鍾世藩和廖月琴沒讓這些孩子見鍾南山，只告訴這些孩子，鍾南山出去了。

下了戰書的「決鬥」缺了主角，於是這場荒唐的「決鬥」只能不了了之。

這又是一次有驚無險的舉動。頑皮而大膽的鍾南山，沒少讓鍾世藩和廖月琴操心。

母親的承諾

到了廣州，鍾南山讀四年級。他太貪玩了，又不會說廣東話，語言不通，他留級了。但母親廖月琴卻一直鼓勵他，學校的老師也鼓勵他。他印象深刻的是有一回他寫了篇作文，在這篇作文裏，他寫了自己對班上一位同學的信任。這位同學家境貧窮，但是有很好的家教。班上同學丟了錢，有人懷疑是這位同學偷的。這位同學很生氣，問鍾南山相不相信自己沒偷錢。鍾南山毫不遲疑地選擇相信他。這篇文章得到了老師的讚揚，老師在作文後邊寫了很多評語，認為文章很真實，有真情。鍾南山看到老師的評語後很高興，但卻沒看見老師給作文打分。老師忘記打分了吧？鍾南山興匆匆地去找老師，他必須確認老師對他的認可，他對老師說：「您還沒有給我評分呢。」他說罷，期盼地看著老師。老師的反應令他放了心。老師向他道歉，說忘記打分了，然後毫不猶豫地在作文後邊打上漂亮的五分。鍾南山非常高興，這是他第一次在學業上得到老師的誇獎。

鍾南山相信自己是可以學得很好，他從老師的肯定中汲取了向上的動力。他想再得到老師的稱許和讚揚，他相信自己能夠成為老師眼中的好學生。媽媽也鼓勵他，他十一歲時，媽媽對他說，如果他能考上嶺南大學附屬中學，就獎勵他一輛自行車，這話鍾南山記得牢牢的。自行車，是像他這麼大的男孩夢寐以求的。媽媽的獎勵太誘人了。鍾南山開始發憤用功，聰明的他一努力，立竿見影，成績很快就上去了。

鍾南山不僅功課好，而且在體育方面也出類拔萃。從小學六年級，他就開始參加體育競賽，在比賽場上、跑道上，他是常勝將軍，總能吸引老師和同學們的目光，大家為他喝采，也讓他信心倍增。少年鍾南山德智體的全面發展。

一九五〇年，鍾南山終於如願以償，進入了嶺南大學附屬中學。小時候那個頑皮、逃學，甚至還留過級的男孩，在下定決心發奮努力後，一躍成為班上的佼佼者，順利踏進名校嶺南大學附屬中學。這是鍾南山人生中第一次為了一個目標而努力拚搏，他成功了。他記得母親承諾過，如果他考上嶺南大學附屬中學，要獎勵他一輛自行車。但因時局原因，學校當年沒有舉行小學畢業考試，只根據平時的成績發了一份成績單，鍾南山排名第二。鍾南山不敢向母親討要自行車，因為自己並非通過畢業考試考上中學，而且那一年物價飛漲，通貨膨脹——鍾南山要理髮，就得背著一書包的金圓券去才夠。家裏的生活一下子困難起來，買一輛自行車，的確是件讓母親非常為難的事。但是，廖月琴還是說到做到，真的買了輛自行車給鍾南山。

鍾南山在自己的日記中記錄了這件事，並寫道：媽媽實現了她的諾言，給我買了一輛自行車，我是多麼高興啊。

這件事對鍾南山的觸動很大，從那時候起，他就記住，只要是答應別人的事，就一定要做到。後來，他對自己的學生、對自己的孩子、對所有人，都如此行事。只要是答應過的事，就一定要做到。

鍾南山騎著自己通過努力得到的自行車，高興壞了。他考上嶺南大學附屬中學了，他以成為嶺南大學附屬中學的學生為傲，他以自己為傲。他知道，父母也以他為傲。獲得別人的認可和尊敬，是多麼令人自豪的事情！他想起了當他向別人提及父母時，別人肅然起敬的目光。他想起了當父親治好病人後，病人眼中的感激與尊重。

長大後，他也要像父母一樣，成為讓人尊重的人。那麼，踏進中學後，他要繼續努力。

醫學的啟蒙

抗日戰爭結束後，沒多久國共內戰爆發。一九四八年，共軍發起戰略決戰，歷經遼西會戰、徐蚌會戰、平津會戰等三大戰役後，國民黨軍隊的主力基本被消滅。一九四九年四月，共軍兵分三路，橫渡長江，佔領南京，結束了國民黨在大陸的統治。

一九四九年十月，鍾世藩家中來了兩位神祕的客人。此時，廣州城內已經隱約能聽見隆隆的砲火聲了。神祕的客人頻繁出入鍾家，而每次鍾世藩都與客人關起門密談，客人離開後，鍾世藩都眉頭緊鎖，臉色沉沉。

「神祕的客人」是國民政府衛生署的專員，他們到鍾家來，目的只有一個，就是勸說鍾世藩離開大陸，去台灣。但是，鍾世藩拒絕離開大陸。

鍾世藩選擇留下。

留下來的鍾世藩繼續他的臨床和學術研究工作。鍾世藩在美國進修時，發現鼠胚胎可以作為病毒生長的理想培養基。從美國回國後，他選擇的研究方向是日本腦炎病毒的培養和分離。學校的經費有限，鍾世藩就用自己的工資買了實驗用的小白鼠，在自己家的書房中做實驗。

小白鼠的氣味很濃，整棟樓房都瀰漫著這股味兒。這味兒甚至都成為鍾家的標誌了。人們常說「按圖索驥」，如今要找到鍾家，居然「按味兒索樓」也能成。

鍾南山對父親養的小白鼠非常好奇。一放學，他就跑到父親的書房去看小白鼠。他逗小白鼠玩，也餵牠們吃東西。他學著父親的樣子，觀察小白鼠的各種變化。父親做實驗，他就在一旁好奇地看著。他看著父親將小白鼠的大腦取出，將腦細胞分離出來，進行檢測。父親做實驗時，在一旁的鍾南山像變了個人，原本好動的他安安靜靜的，不敢打擾父親，仔細地看著父親的每一個動作。

為什麼會這樣？為什麼會那樣？小白鼠實驗，讓鍾南山的腦子裏冒出許許多多的問題。他向父親請教，鍾世藩閒下來時，就耐心地、認認真真地一一解答。鍾世藩見兒子對小白鼠這麼感興趣，索性讓兒子幫忙飼養小白鼠。鍾南山當然樂於接受這個任務。從此，鍾南山就成了父親的小助手，當起了實驗室的小白鼠飼養員。他不再只想著逗小白鼠玩了，現在他有任務了，他得完成「飼養員」的工作，必須盡職盡責，每日定時定量餵養小白鼠。鍾南山做得很好，鍾世藩很滿意。鍾南山從飼養小白鼠一事中獲得了近距離觀察小白鼠的機會，不知不覺地熟悉了小白鼠的習性、生理與機能，這對於學醫者是很有幫助的。不僅如此，作為一個實驗小助手，一個小白鼠飼養員，鍾南山與工作中的父親近距離相處，潛移默化地學習了父親嚴謹的治學態度，培養了耐心、觀察力和責任心。同時，他還學到了一些基本的醫學知識。而他的所學所獲，正是一位醫生必備的素養。父親有意無意地用小白鼠對他進行了醫學啟蒙。

一九四九年，鍾世藩被世界衛生組織聘為醫學顧問。二十世紀五〇年代，鍾世藩創辦了中山醫學院兒科病毒實驗室，利用實驗室從事病毒研究。父親鍾世藩是名醫，母親廖月琴也是位優秀的護士。廖月琴從北京協和醫學院畢業後，曾由當時的國民政府衛生署派到美國波士頓學習高級護理。中華人民共和國成立後，她擔任華南腫瘤醫院的副院長，是中山醫學院腫瘤醫院的創始人之一。父母都是醫德高尚的醫生，鍾南山從父母身上，看到了為醫者的博愛、敬業與責任心。

時常有人找父親，他們在書房裏交談，有時候聲音很大。鍾南山以為父親和來客在爭吵，但母親告訴他，他們並非爭吵，而是在討論問題。研究者擁有各自的觀點，各抒己見，是很正常的事情。通過討論，去偽存真，才能得到真知灼見。鍾世藩治學嚴謹，實事求是。他說，做任何事、說任何話，都得講依據。父親是這麼說，也是這麼做的。治學實事求是，做人也要誠實。鍾世藩從小就教育鍾南山：「要把你自己內心最真實的感受說出來。」父親的教誨，鍾南山銘記在心。

在家裏，鍾世藩也很少閒下來，他在書房裏廢寢忘食地繼續做實驗、讀書、做研究。這時候，唯一能打擾他的，就是病人。有時候鍾世藩正在看書，外面有病人求醫，情況緊急，被打擾的鍾世藩也只是皺皺眉，毫無怨言地出診，風雨無阻。為醫者很辛苦，責任重大，但是，能用自己的智慧、自己的醫術去救助病人，為病人解除病痛，甚至挽救他們的生命，是一件多麼崇高而偉大的事！被父母治癒的病人，眼中流露出的感激與由衷的愛戴，讓鍾南山感受到，當醫生能給別人解決問題，會得到社會的尊重，有很強的滿足感，這令他對醫生產生了親近感，並由衷地熱愛醫生這個職業。

人生的選擇

鍾南山踏入嶺南大學附屬中學，成為一名中學生。初中三年，他的學習成績在班裏始終名列前茅。他曾打算在初二時直接跳級到高一，但是老師反對，到家裏勸說。老師對鍾世藩說，鍾南山年紀太小，跳級不一定對他有好處。父親接受了老師的建議，鍾南山還是按部就班地上學。

嶺南大學附屬中學有一位從北方來的語文老師，這位老師曾說，人不應該單純生活在現實中，還應該生活在理想中。人如果沒有理想，會將很小的事情看得很大，耿耿於懷；人如果有理想，即使遇到不愉快的事情，那些不愉快的事情與自己的抱負相比也會變得很小。少年鍾南山被老師的話深深打動了。老師的話語，如一雙有力的臂膀，將他高高托起，讓他看到遠方和未來，看到自己的夢想與信心。這句話印在少年鍾南山的心中，並一直陪伴他長大。許多年之後，七十五歲的鍾南山回首年少時，仍然記得老師的這句話。而他一生的經歷，也正驗證了這句話的寶貴。他承認，自己的人生中遇到過許許多多的困境，倘若他心中沒有追求和理想，是無法走出這些困境的。

初三畢業時，由於成績優秀，鍾南山直接升入嶺南大學附屬中學的高中部。而此時，因高等院校院系合併，嶺南大學附屬中學在一九五二年更名為華南師範學院附屬中學（今華南師範大學附屬中學）。

鍾南山直升上了高中，父母都很高興。廖月琴又獎勵了鍾南山。她讓兒子坐火車去了趟北京。這是鍾南山第一次去北京，同行的有他最要好的同學。

能踏進華南師範學院附屬中學的學生，是全市中學生中的佼佼者。初中三年一直是班上第一名的鍾南山，忽然發現自己失去了穩坐第一的優勢。強中更有強中手，鍾南山在高一時，成績在班上並不突出。此時，他不服輸的天性又被激發出來了。他堅信自己能趕上，成為班上的優等生。正如他在跑道上，總是拚盡全力往前跑，超越一個又一個選手，並一次又一次超越自己。高二時，鍾南山的學習成績如願趕上，成為班級的優等生。

鍾南山的身影，時常出現在學校的運動場上。他很有運動天賦，特別是在田徑項目上，四百公尺短跑是他的強項。一九五四年，鍾南山在華南師範學院附屬中學舉辦的運動會上，取得了短跑比賽第四名的成績。在課外時間，他參加了廣東省田徑隊的訓練，在賽道上愈跑愈快，進步很大。一九五五年，高三學生鍾南山參加了廣東省田徑比賽，獲得了四百公尺比賽的亞軍，並打破了廣東省紀錄。他愈戰愈勇，隨後又代表廣東省到上海參加全國田徑運動會，在男子四百公尺項目中，獲得了第三名的傲人成績。

鍾南山出色的田徑競賽成績，引起了中央體育學院（今北京體育大學）的關注。中央體育學院來信，希望他能到國家隊去訓練。中央體育學院的來信擺在鍾南山與父母面前，鍾南山面臨選擇，要嘛選擇專業的體育競技之路，成為國家專業運動員，要嘛選擇回歸普通高中生升學之路，衝刺高考。時不我待，鍾南山在體育競賽中耗費了大量的時間與精力。此時已臨近六月，他馬上面臨高中畢業考試和之後更為關鍵的高考，鍾南山必須立刻做出選擇。

鍾世藩建議兒子還是放棄當專業運動員，而選擇學業。鍾世藩認為，運動員的運動生涯有限，體育競技不能成為一個人從事一生的工作；但是，如果鍾南山選擇醫學專業，當個醫生，則可以一輩子研究醫學，治病救人，這是個可以從事一生的工作。鍾世藩認為自己的兒子，更適合當個醫生。鍾南山聽從了父親的建議，選擇報考醫學專業。

鍾世藩原本希望鍾南山就近報考華南醫學院，但是鍾南山一心只想報考北京的大學。在年輕學子的心中，首都北京有著不可言說的吸引力，他們都認為，北京擁有中國最好的大學，他們都嚮往去首都北京讀書。鍾南山在十八歲時，為自己的人生做出了第一個關鍵的選擇——報考北京醫學院（今北京大學醫學部）。北京醫學院是名校，是每個學醫者夢寐以求的高等學府。鍾南山破釜沉舟，在最後的複習期間，沒日沒夜地全力衝刺。一九五五年，鍾南山如願考上了北京醫學院醫療系。當年廣東省考上北京醫學院的僅有五位學生，他是其中一位。

鍾南山有位考上北京大學物理系的同學家裏很困難，連籌路費都成難題。同學很發愁，找到鍾南山，問能不能借點錢，因為他連坐火車的錢都沒有。鍾南山回家把這事告訴了母親，母親聽了，沒有立刻應承下來。廖月琴一向是個熱心善良的人，有人求助，她能幫一定會幫，更何況這個孩子是為了求學而來求助。廖月琴對鍾南山說，家裏現在也不寬裕，也得籌錢讓鍾南山遠行上學。母親說的是實情，鍾南山懂事地不再提此事了。

過了幾天，廖月琴還是給了鍾南山十元錢，讓他拿給那個有困難的同學。在當年十元錢可不是一個小數目，十元錢足夠支撐一個人一個月的日常花銷了。母親廖月琴就是如此寬容、善良。幾十年後，鍾南山回憶母親時，說道：「媽媽去世時才五十六歲，她走得太早了。但媽媽生前哪怕是一點一滴的事情，我都不會忘記。如果說在治學嚴謹上，我是受父親的影響，那麼我對人的同情心是從媽媽那裏學來的，我到現在還記得媽媽是怎樣對待其他有困難的人的。她用自己的言行告訴我們，人與人之間的真、善、美往往就在於對別人無私的奉獻。」

破全國紀錄

北京醫學院匯集了從全國各地來的優秀學生，鍾南山所在的班上有兩百三十名學生。鍾南山又遇到了當年剛踏進高中時的狀況。強中更有強中手，他不再是班上最優秀的學生了。優秀的大學生，不僅僅體現在學習成績優秀上，還體現在積極參與大學校園裏的各種社團活動，以及組織、協調、溝通等各方面的能力上。鍾南山注意到班幹部們在重大活動中的表現，看到了優秀者所展現的風采，但也並不妄自菲薄。他向優秀者學習，同時更加自律自強，努力趕超。賽道上的鍾南山，從來都是遇強則強，奮力衝刺；而課堂上的鍾南山，也同樣不允許自己鬆懈。他長時間地泡在圖書館裏，查資料、學習；在臨床學習中，他還是老師的助手，緊緊跟隨在老師左右，廢寢忘食。

臨床血液學的謝老師，是他特別敬佩的老師。謝老師是一位對工作極其負責的醫生。謝老師說，要把病人當作自己的親人看待，要做到盡職盡責、問心無愧，在平凡的工作中實現自己真正的價值。謝老師如此說，也如此做，搶救病人，陪伴病人，盡心盡力。從謝老師的身上，鍾南山彷彿又看到了熟悉的父親的影子。鍾南山跟隨在謝老師左右，孜孜不倦地從老師那裏學習臨床技術，中午錯過了飯點，就跑到校外的合作社買點心充飢。謝老師的言傳身教，與之前那熟悉的身影一同深深印入他的心中。

到了一九五六年，鍾南山再次站在了學院優秀學生的行列中。在北京醫學院，鍾南山不僅學習優秀，而且能歌善舞，多才多藝，在各項活動中都非常活躍、出類拔萃。他在體育競技方面的特長尤為突出，是高校運動場上耀眼的明星。

鍾南山的運動特長在大學期間，繼續綻放出光彩。一九五八年，大學三年級學生鍾南山，被選拔參加北京市體育集訓隊集訓，準備參加中華人民共和國第一屆運動會。這是多少專業運動員夢寐以求的競技機會，而非專業運動員選手鍾南山，居然將與全國頂級運動高手同台競技，一決勝負。這是人生難得的一次挑戰，鍾南山青春的熱血沸騰了，激情熊熊燃起。

還未離校集訓的時候，鍾南山便開始了嚴格自律的訓練。每天下午五點半放學後，鍾南山就出現在學校的操場上。一次次地奔跑，一次次地衝刺，他在與時間賽跑，與自己競賽。直至太陽西下，暮色籠罩校園，前方的跑道陷入昏暗之中，他才停止訓練，飢渴疲倦地往校門外的合作社走去。這個時候，學校的食堂早就沒有飯了，他只能到校外合作社買點東西吃。

鍾南山進入集訓隊集訓後，訓練更加艱苦了。三百多個日夜，鍾南山日復一日地進行著高強度的訓練，用堅強的意志堅持了下來。正式比賽的日子臨近了，選拔賽開始，所有的艱辛與汗水，最後在那短短的四百公尺跨欄跑道上，轉瞬定局。成敗只在那麼幾秒鐘，這是極其殘酷的瞬間，但又極其公正。出乎意料的是，一直不懈努力的鍾南山在選拔賽上狀態不佳，居然落選了。鍾南山陷入巨大的失落之中，幾宿難眠。難道自己真的失敗了嗎？那三百多天的艱辛與汗水，就白白耗費了嗎？不！絕不放棄！離正式比賽還有兩個月的時間，就兩個月。但是，只要還有時間，他就還有機會！他要繼續往前奔跑、奔跑、奔跑！

百折不撓的鍾南山從短暫的困惑與沮喪中振作起來，再次出現在跑道上。他的智慧與理性，在關鍵時刻發揮出了重要的作用。他認真思考之前訓練的得失，調整了訓練節奏與計畫。

一九五九年九月，他在中華人民共和國第一屆運動會上以五十四．四秒的成績打破全國紀錄。一九六一年，他在運動場上再次煥發光彩，獲得男子十項全能亞軍。

鍾南山的體育運動經歷，是他青年時期重要的華麗篇章。多年以後，他回想這段經歷，說道：「我為什麼到現在還喜歡體育運動呢？因為它能培養人的三種精神：第一是競爭精神，一定要力爭上游；第二是團隊精神；第三是如何在單位時間裏高效地完成任務。就像跑四百公尺跨欄，練了一年，成績才提高三秒，每一秒都那麼寶貴。把體育的這種競技精神拿到工作、學習上，是極為寶貴的。」

運動會之後，北京市人民委員會體育協會邀請他加盟北京田徑隊。命運給了他成為專業運動員的第二次機會。他再次拒絕了。一九六〇年，他重返校園，畢業後，鍾南山留校做輔導員，這是當時最優秀的學生才能享受到的工作分配。他會吹黑管，參加了學校文藝宣傳隊。除此之外，他還做過校刊編輯，而後又開始從事放射醫學教學，研究原子彈爆炸時放射線對人體的危害。

成為一名好醫生，這是父母的期望，也是鍾南山的心願。他要像父母一樣，救死扶傷、幫助別人。他想用一輩子的時間，不斷攀登高峰，不斷進步。鍾南山曾對一位記者說：「我是在醫院裏長大的，我知道醫生的喜怒哀樂。他們喜歡通過自己的努力使病人得以恢復或病情好轉。他們不喜歡的是，哪怕經過自己的努力，病人的病情還是沒有改善。而他們最忌諱的是，由於自己做錯了，導致病人死亡。」

他記得父親曾對他說的話：「一個人要給世界留下點什麼東西，才算沒有白活。」生命短暫，許多人在這短暫的過客生涯中碌碌無為，悄無聲息地來，悄無聲息地走。但還有那麼一些人，用自己的智慧與熱血，為這世間留下了一抹抹亮色，讓這世間變得更美好。父親願意成為這樣的人，而這，也是他的志向。

甜蜜與等待

鍾南山在北京的姨婆家認識了一位好姑娘。這位姑娘叫李少芬，她的姑婆是鍾南山姨婆的好友，兩位老人住在一處。李少芬去看望姑婆，正好遇到了去探望姨婆的鍾南山。李少芬身材挺拔，秀美之中帶著颯爽英氣。當鍾南山得知李少芬在中國女籃服役，是一名優秀的籃球運動員時，不由得對眼前的姑娘心生好感與敬意。他深知成為國家頂級運動員的艱辛。要成為國家頂級運動員，必須擁有超出常人的稟賦與意志。

鍾南山準備全運會期間，為了加強訓練，他申請到條件更好的國家隊訓練基地訓練。此時，李少芬也在訓練基地。兩人經常碰面，一起訓練，彼此鼓勵，彼此為伴。

漸漸地，他們相戀了，但是兩人聚少離多。李少芬是中國女籃的主力隊員，時常得參加集訓並出國比賽。李少芬是如何走上專業籃球運動員之路的，得回溯到她在廣州真光女中讀書時參加學校籃球隊的經歷。當年在廣州，真光女中的籃球隊全市聞名。一九五一年，廣東女子籃球隊參加了在武漢舉行的中南區籃排球選拔大賽。十五歲的李少芬是籃球隊中年齡最小的隊員，她的出色表現引起了中國國家隊教練的注意。而後，她便被吸納到了國家隊。

一九五二年，年僅十六歲的李少芬，成為中國女籃的首批運動員，隨後便和其他中國女籃隊員一道遠赴蘇聯學習。一九五三年，李少芬和隊友們參加了在羅馬尼亞舉行的世界青年友誼運動會。這是中國女籃在國際大賽上的第一次亮相，但是成績不佳。李少芬和隊友們並不氣餒，她們一邊在蘇聯學習，一邊連續參加了幾屆世界大學運動會和世界青年友誼運動會。她們愈打愈好，愈戰愈勇。一九五八年，中國女籃在法國巴黎的比賽中表現不錯，競技水準提升明顯。一九五九年，中國女籃與當時的東歐冠軍隊保加利亞隊比賽時，已打成平手。到了一九六〇年中國女籃訪問蘇聯時，中國女籃與蘇聯女籃的水準已經接近了。

中國女籃姑娘的拚搏精神振奮人心，二十世紀五〇年代末，以她們為原型拍攝的影片《女籃五號》，風靡全國。一九六三年，中國女籃參加了在印尼雅加達舉行的首屆新興力量運動會。在此次盛會的開幕式上，李少芬作為優秀運動員代表，擔任了中國代表團掌旗手。中國女籃不負眾望，在這次運動會中捧回冠軍獎盃，在國際女籃競技舞台上嶄露頭角。

鍾南山知道，心上人李少芬不是個普通的姑娘，她不僅僅屬於他一個人，她還屬於中國女籃，屬於中國。在她處於運動生涯的巔峰期時，她必須為國效力，為國爭光。鍾南山一直在甜蜜地等待著，等待著心愛的姑娘贏得一個又一個驕人的成績，等待著心愛的姑娘載譽歸來。一九六三年十二月三十一日，在這一年的最後一天，鍾南山和李少芬在北京舉行了簡樸的婚禮。鍾南山終於迎娶了自己心愛的姑娘，從這一天起，他們攜手相伴，共同承擔生命中的歡欣與坎坷。

婚後第二年，李少芬即和隊友一起征戰，中國女籃在瑞士和法國舉行的邀請賽中所向披靡，一次次斬獲金牌。

醫者的志向

當鍾南山作為一名醫學生，立志行醫助人時，他沒有想到，在行醫助人之路上，他將遇到重重困難，歷經坎坷。

一九六四年底，鍾南山從北京醫學院下放到山東乳山。鍾南山在乳山待了一年多。乳山的農民生活非常艱苦，一年只能吃上兩次白麵，過年時殺豬才能吃上肉。但是農民對從北京來的鍾南山非常好，總把自己家裏最好的東西拿出來給他。這就是中國鄉村的農民，雖然生活艱苦，卻依舊善良、質樸，鍾南山很受感動。鍾南山住在農民家，得睡土炕。北方的冬天寒冷徹骨，冰冷的炕上，躺下太冷了，他只能跪著，蜷著身子，把所有能保暖的東西都蓋上，熬過漫漫寒夜。

而此時，妻子李少芬念及養母與公婆無人照顧，放棄留在中國國家隊當教練的機會，離開北京回到了廣州，從此兩人各自辛勞，一年最多見上一面。鍾南山像個真正的農民一樣，在嚴寒的日子裏啃地瓜乾果腹，在田裏幹著粗活。一年的口糧到了來年的春天就全吃光了，鍾南山只能往鍋裏放些槐樹葉充飢。生活艱苦，但是鍾南山始終認為自己必須接受勞動鍛鍊，這是自己應該承受的。

炕上的臭蟲虱子多，腳踝被虱子咬，他抓破了皮，傷口感染化膿，腫了個大包，穿棉鞋都費勁。鍾南山咬著牙，一瘸一拐地堅持出工。鍾南山由於表現突出，獲得農民的一致稱讚。

一九六六年，鍾南山從乳山回到北京不久，「文化大革命」開始了。遠在廣州的父親鍾世藩和母親廖月琴也受到嚴重衝擊，鍾世藩被下放，廖月琴在「文化大革命」中去世。噩耗傳來，鍾南山悲痛欲絕，拚命幹活以忘掉哀傷。

一九六八年，鍾南山成為學校的鍋爐工。在這個艱苦的崗位上，他迸發出更大的熱情，幾乎是以拚命的狀態，超負荷地工作著。鍋爐工的主要工作就是往爐膛送煤，用斗大的鐵鏟，一鏟挖起幾十斤重的煤炭，然後鏟著煤走上十幾米，甩進烈火熊熊的爐膛。鍋爐房的高溫使人的體能消耗很大。最艱辛的勞動是清理爐膛。那爐膛每天得清理一次，清理時，熱浪翻起煙塵，令人幾欲昏厥。這份工作，考驗著鍾南山的體能極限。很快，他真的遭遇了極限挑戰。

鍾南山積極響應捐血號召，捐出了四百毫升鮮血。早上才剛捐血，晚上他就按時去鍋爐房幹活。沒有任何營養補充，甚至沒有休息。高溫下，他很快就體力不支，摔倒在爐門前。熱浪灼烤著他，他昏死過去。一位來鍋爐房打熱水的校工和一群教授、醫生救了鍾南山。

同年，兒子鍾惟德在廣州出生。李少芬一個人在廣州，既要照顧老人，又要照顧孩子。鍾南山燒了半年的鍋爐後，在一九六九年隨下鄉的醫療隊到了河北的寬城。此時，妻子也被安排到廣東三水農村下鄉。有一次，鍾南山所在的醫療隊巡視到一個村子，一名村民肚子疼得厲害，但是鍾南山自畢業後，工作均與醫療無關，臨床經驗不足，不敢貿然診斷。為了救人，他騎上破舊的自行車，摸黑走山路進城請醫療隊的王海燕醫生。山路崎嶇，鍾南山來回六個小時，載回了王醫生。他們凌晨兩點多趕到患者家，可還是晚了一步，眼睜睜看著病人死去了。鍾南山心痛不已，懊惱自己無能，沒辦法救治病人。

一九七一年，北京醫學院開始召回表現好的下派教職工從事教學和研究。鍾南山一直積極上進，表現優秀，但是他的上調申請還是因為「出身問題」被拒絕了。這對鍾南山是極大的打擊。成為治病救人的醫者的志向猶在心中，每每想起，芒刺在背。什麼時候，他才能重拾昔日的夢想，重新專注於自己熱愛的醫學專業？沒有人能回答他。

你今年幾歲？

一九七〇年，三十四歲的李少芬從鄉下被調回廣州，加入了廣東省女子籃球隊，重披戰袍。她在一次比賽中負傷，廣東省軍區的長官來家探望她時得知，她上有老下有小，夫妻長年兩地分居，家庭負擔很重，長官關切後，立刻予以解決。一九七一年，部隊的一紙調函將鍾南山從北京調回廣州，鍾南山成為廣州第四人民醫院的一名醫生。而此時，鍾南山快三十五歲了。從一九六〇年到一九七一年，整整十一年，他都沒有從事醫療工作，雖然如此，他卻從未忘記自己的志向。

鍾南山終於回到了父親、妻子和兒子的身邊。父親鍾世藩已是古稀老人了，他早已退休，脫下了白大褂，放下了聽診器。但鍾世藩倔強地堅持著，無論如何也不讓自己停下來，他要把自己從醫四十年的經驗用文字留給後來者。「人總得留下點什麼」，這是鍾世藩的信念。他認為，用自己的生命為這個世界添上一抹亮色，是人之為人的驕傲和價值。每天一大早，鍾世藩就去圖書館。偌大的圖書館沒有幾個人，只有他每天都來，坐在那兒，用放大鏡靜靜地閱讀，一頁頁地查找資料。他的眼睛不好，寫東西時要遮著一隻眼睛寫，這樣另一隻眼睛就能得到休息。後來他的視力更不好了，幾乎得將臉貼著書桌吃力地寫，寫一會兒就頭暈了。

鍾南山很心疼，勸父親注意身體，可鍾世藩根本聽不進去。鍾世藩在一九七五年開始寫作，花了三年時間，在一九七八年完成了四十萬字的《兒科疾病鑑別診斷》，他用自己的行動，闡釋了自己的信念。父親鍾世藩說的這句話——「一個人要在世界上留下點什麼東西，才不算白活」，牢牢刻在鍾南山心裏。

「說話一定要有證據。」——這是父親留在鍾南山心中的另一句話。鍾南山下鄉時，在農村看見一個孩子尿血了。鍾南山想當然地判斷孩子得了腎結核，回家後向父親說起這事，並談及自己所瞭解的治療腎結核的辦法。誰知道父親一聽，立刻皺著眉反問道：「你怎麼知道是腎結核呢？說話一定要有證據。」鍾南山一下子愣了。

父親告訴他，血尿的原因有很多種，並不一定就是腎結核。判斷病症一定要多多觀察，找到確鑿的證據，慎重下結論。同樣，看一件事情，或者做一項研究，要有事實根據，不要輕易下結論，要相信自己的觀察。父親的治學和做人態度，言傳身教，深深影響了鍾南山。鍾南山敬畏父親，父親很少讚揚他，總是直言不諱地指出他的問題。他在父親面前永遠是個學生。

鍾世藩的話向來簡潔，卻極有力量。鍾南山回廣州時，快三十五歲了。一天，鍾世藩忽然問鍾南山：「南山，你今年幾歲了？」

鍾南山不知父親為何問這句話，不假思索地答道：「三十五歲。」

「三十五歲了，真可怕……」鍾世藩說完這話，就沒有再說什麼，若有所思，若有所失！

從父親的靜默中，敏感的鍾南山一下子揣摩出父親心裏所想的。他如被重拳一擊，整個人一震。鍾世藩三十五歲時，已經是一名優秀的醫生。即使不和當年的父親相比，而與鍾南山同一年齡段的醫生相比，鍾南山與他們的差距也頗大。三十五歲，鍾南山已經三十五歲了！從一九六〇年畢業到現在，十一年過去了，鍾南山才剛剛踏上為醫者的道路。

「三十五歲了，真可怕……」父親的這句話深深刺激了鍾南山。四十多年後鍾南山回憶，一生中對自己影響最大、讓他印象最深刻的一句話，就是父親當年說的這句話。這話重新喚醒了鍾南山對醫學事業的強烈追求。一切得從零開始。猶如當年站在跑道上，他在原地踏步之時，對手已往前快步衝去，遙遙領先。從現在開始，他得迎頭追趕。追！必須追上去！

他立志要把失去的時間追回來。

受挫與奮鬥

鍾南山希望自己能成為一名外科醫生，特別想成為一名胸腔外科醫生。胸腔外科醫生，需要精湛的醫術、充沛的精力和超人的判斷力與膽識，對鍾南山而言，這無疑是最值得挑戰的工作。但是，被拒絕了，理由是他年齡大了。當然，年齡大只是表面上的原因，更深層次的顧慮是，鍾南山並無臨床經驗，任何醫療崗位都難以直接上手。他差點被安排到醫務科當幹事，後來總算被安排到醫院門診室，從最基本的內科門診醫生做起。

鍾南山在第一次和同事們見面的早會上，坦誠地自我介紹道：「我過去在基礎部門工作，對臨床接觸少，一下子來到門診第一線，如果碰上難題，請各位不吝賜教。」新人亮相，鍾南山的坦誠給同事們留下了深刻印象。而鍾南山所說的話，最後也都落實到了行動上。

鍾南山開始了他在門診的工作。當門診醫生一段時間後，鍾南山發現內科門診醫生所接觸的病患種類有限，案例太少，便坐不住了，主動要求去更為辛苦、病患情況更為複雜的急診室工作。

急診室所要面對的難題比門診複雜多了，鍾南山工作很努力，但是做得很吃力。他的臨床基礎太薄弱了。大學期間，為了準備全運會，他只學了三年半，缺席了重要的臨床實習。參加工作之後，他也沒有當過臨床醫生。但鍾南山不怕，他相信自己能迎頭趕上。

當急診醫生後不久，他就鬧了個笑話。急診室接到廣州蘿崗的來電，聲稱當地有個重症咳血的肺結核病人，要立即送來廣州會診。鍾南山主動請纓去接病人。病人在路上「咳」血了，血色稍暗，似乎與肺結核病人咳出的血不太一樣，但鍾南山沒有在意。既然蘿崗的醫生說過，病人是咳血的結核病人，鍾南山便絲毫沒有懷疑從病人嘴裏冒出的血，不是由肺結核病咳血而流出來的。病人出血，只能說明結核病之重。鍾南山給病人打點滴並注射了止血藥劑，覺得病人既然是結核病重症，就該送到結核病專科醫院醫治。於是他趕緊將病人送到了廣州市越秀區結核病防治所。安置好了病人，鍾南山很滿意，急診室主任也很滿意。

可第二天一早，事情的發展出乎意料。急診室主任著急地讓他趕緊將那位病人從結核病防治所接回來。病人在結核病防治所大吐血，命懸一線。病人嘔出的血是鮮紅色的，而不像肺結核病人咳出的暗紅色血，顯然是消化道出血而非結核病咳血。病人接回來後，幸虧同事們搶救及時，才將病人從死亡線上拉了回來。鍾南山懸著的一顆心才算放下。

同事們的竊竊私語令他難堪，但更令鍾南山不好受的來自自身。他愧疚萬分。當年他在鄉下，輕易地將那位血尿的男孩診斷為腎結核，遭到父親質疑的事，又浮上心頭。當年他只是信口說說而已，並沒有造成實際的傷亡事件，而如今，他因為不謹慎，差點出了人命。他想起了父親的教誨，無論是看病還是做研究，要仔細觀察，慎重下結論，不能人云亦云。

他差點又被換回門診去工作，但他認為這是自己該受的。他看到了自己的不足，為醫者若不謹慎、醫術不精，代價就是病人的性命！他深深自責。他必須精進，那有著一道道跨欄的跑道，彷彿又出現在他面前。那一道道難關，他必須跨過去，向前，向前！時不我待，他已蹉跎十載，必須加快腳步，快步跑！

鍾南山是不會認輸的。從小到大，在一次次的挫折打擊之後，他都堅強地站起來，愈挫愈勇。成為強者和優秀者，是他的目標，他從未放棄。他勤學好問，跟著同事學看病，看同行醫生如何檢查病人、如何給病人診斷、如何制訂治療方案、如何分析病人的治療結果……

晚上回到家，他將白天所見的每一個病例詳細地記錄下來，用心學習，用心研究。他常常在夜間獨自到心電圖室，鎖上門，拉上簾子，拿起心電圖，慢慢地看，慢慢地研究。他把所有能用上的時間都花在了X光室、心電圖室、圖書館，獨自啃讀醫學著作，研究實驗儀器和實驗操作步驟，記下醫學專業術語，自學專業英語。鍾南山又拿出當年奮戰全運會的拚勁，拚了命地學習鑽研。

半年之後，鍾南山記錄了四大本的醫療筆記，也慢慢摸清了門診診斷的規律，處理門診的病患胸有成竹、游刃有餘。八個月之後，他的專業能力突飛猛進，同事們也都認為，他的水準已經相當於主治醫生的水準。鍾南山慢慢與同事在專業水準上縮小了差距。

八個月豁了命地苦學，鍾南山瘦了二十斤，瘦得脫了形。原本粗壯的運動員體格瘦成了衣服架子，原本緊繃在身上的白大褂如今顯得鬆垮寬大。原本額寬腮滿、輪廓分明的臉龐瘦垮了，顯得顴高目凹。原本笑容可掬的神情不再，他變得沉默而嚴肅，目光深邃悠遠，似乎總在思考，思緒飄在別人無法捉摸的遠方。外人打聽他是否病了，只有他自己明白，苦心勞體是為了什麼。他累壞了身體，卻重拾了自信，遇到病人，他再也不會心虛了。他的自信是建立在對自己的專業領域的瞭解之上的。

鍾南山彷彿又回到當年，自己第一次寫作文，被老師打了五分，第一次嘗到了被老師讚許、做好學生的滋味；他彷彿又回到當年，自己從一個留級生成為優等生，考上了嶺南大學附屬中學，騎上母親獎勵的自行車，風一般地穿行在路上，喜悅滿溢。從小到大，他的努力從來不會白費。他確信自己會成為一名好醫生的。

鍾南山再次提出要求，希望能進病房，進病房能學更多的東西。但是，如果他進病房，另一位內科病房的醫生就得調整出來。雖然未能如願，但鍾南山相信自己，正如他從前遇到挫折時，從不放棄信心與希望一般。

輝煌第一步

機會就這麼來臨了。雖然機會來臨時，並不是總帶著冠冕與榮光。它悄然來臨，甚至以不受人歡迎的面目偽裝。

醫院接到了國家號召全國醫療系統開展慢性支氣管炎的群防群治工作的指示，決定成立一個防治小組，但是卻不知道該派誰接下這工作。大家都知道，慢性支氣管炎治療是普遍性的難題，研究慢性支氣管炎，吃力卻不討好，難出成果，而且，天天面對呼吸病患者，染病的風險也高。這時上級想到了鍾南山，原以為要經過一番勸說他才會接受任務，沒料到鍾南山並沒有推託，應承下來，加入了慢性支氣管炎防治小組。

鍾南山接下別人不願接受的研究慢性支氣管炎的任務，完全出於醫生的責任感。他就是這樣一個人，明知道當時沒有人願意研究慢性支氣管炎，治療方法也不多，但他到任何地方都不會消極，他會試圖找到方向，找到自己的希望所在。他沒有料到，他出於本心本性的行為，竟悄然為自己打開了通往輝煌之路的大門。

鍾南山加入防治小組數月後，推薦了曾在門診共事過的醫生加入，慢性支氣管炎防治小組從此同心同德，一同奮鬥。

給阿基米德一個支點，他就有撬動整個地球的信心。鍾南山同樣如此，交給他一個合適的平台，他便主動想辦法推進工作，將任務無限趨近完美地完成。鍾南山是有大氣魄的人，在小組的發展格局上，他的視野不僅僅局限於當下的研究，他還前瞻性地為小組的發展構思了擴大組織、強化實力的三個「一條龍」計畫：慢性支氣管炎、肺氣腫、肺源性心臟病研究一條龍，動物實驗研究與臨床研究一條龍，實驗室、病房、門診和一個市郊定點的慢性支氣管炎醫療基地一條龍。在當時人力、物力匱乏，環境不利的條件下，要推進這些計畫，簡直難以想像。但是，鍾南山一旦確定了目標，就執著向前，無所畏懼，堅韌不拔。

鍾南山良好的組織、溝通能力，在推進防治小組工作中，起到了關鍵的作用。鍾南山全心投入，極力爭取，向上級痛陳利害，為慢性支氣管炎防治小組爭取到了獨立的門診和病房。沒有現成的研究設備，他自力更生，不是將廢舊的設備重修利用，就是改造改裝現有的設備。這些工作都是建立呼吸實驗室的基礎，慢性支氣管炎防治小組能夠開展臨床研究了。雖然沒有新興尖端精密儀器設備，但是小組還是自力更生，獨創性地利用現有的設備，推進研究工作。而此時，鍾南山較為深厚的醫學基礎知識優勢也發揮了重要作用。

在專業研究領域上，鍾南山由研究慢性支氣管炎，漸漸介入治療呼吸系統疾病的領域。鍾南山敏銳的觀察力與過人的思考判斷力立刻突顯出來。他善於發現別人的優點與長處，並引發自己的靈感，提升自我。天賦與勤勉，加之外在的機遇，這是成功者的必備條件，如今天時地利人和兼備，鍾南山在醫學事業上逐漸嶄露頭角。

鍾南山在研究中最初與眾不同的發現，是發現痰液的狀態與呼吸系統疾病之間的關聯。鍾南山發現，不同的患者、不同的病種，甚至同一患者在不同的患病階段，咳痰的色澤、黏稠度，跡象各不相同。在此之前，中醫也曾對痰液狀態做出了諸如清、淡、濃的區分，但表述比較抽象，醫者難以對症判斷。鍾南山敏感地意識到，對痰液的分析，也許就是找到治療慢性支氣管炎方法的關鍵。他將自己的觀察與思考向小組做了彙報，得到了贊同。小組決定從痰液分析開始，開展呼吸系統疾病的防治和研究工作。鍾南山運用他所學的生化知識分析白痰、黃痰的成份，後來開始研究中西醫結合防治。

隨著臨床、研究等各項工作有條不紊地開展，慢性支氣管炎防治小組慢慢發展壯大。鍾南山雖然沒有行政職務，但他實際上是防治小組的靈魂。除了負責對上、對外聯絡事務以及實驗室的業務，他還參與查房、搶救病人、值夜班、疑難病症會診等具體的臨床工作。他善於從臨床現象中總結出規律，在疑難雜症的診斷上，顯示出過人的敏鋭。在對一個疑為肺癌的頑固性咳嗽患者進行纖維支氣管鏡檢查時，鍾南山經過細緻的觀察，大膽做出診斷，認為其癥結在於氣管異物，並從病人右主支氣管中取出幾塊雞骨，開創了中國國內纖維支氣管鏡鉗取氣管異物的先河。

在研究方向的選擇上，鍾南山的格局與視野比較開闊，他密切關注國際醫學前沿動態，竭力朝向國際領先的研究和臨床治療。一九七四年和一九七五年，慢性支氣管炎防治小組分別在《中華醫學》和《中華內科》雜誌發表了兩篇論文，填補了廣州地區多年來沒有論文在國家一級醫學刊物發表的空白。一九七七年，聯合國世界衛生組織傳統醫學代表團到廣州訪問，聆聽了防治小組的報告，並給予高度評價。

一九七八年，舉國上下撥亂反正，防治小組心無旁騖，將精力專注於專業研究，研究進展加速。同年，第一屆中國科學大會在京隆重開幕，鍾南山作為廣東省代表參加了這次盛會，他與副教授侯恕合寫的〈中西醫結合分型診斷和治療慢性支氣管炎〉的論文被評為中國國家科委全國科學大會成果一等獎。慢性支氣管炎防治小組的發展和成果也引起廣東省衛生廳的重視，並決定在防治小組的基礎上，組建呼吸疾病研究所，並撥款十萬元作為研究經費。十萬元，這在當年是一筆巨款。

一九七九年，廣州呼吸疾病研究所成立。鍾南山出任副所長。成立伊始，呼吸疾病研究所條件艱苦，由於空間不足，鍾南山和同事們只能在病房大樓的天台上搭棚子做科學研究實驗。呼吸疾病研究所內的設備也不足，只有一台心電圖機和八台國產呼吸機。

但鍾南山毫不畏懼，他彷彿又回到了從前的競技場上，他已經跨過一道道橫亙在眼前的障礙欄，最艱辛的時刻已經過去，前景愈來愈廣闊，愈來愈明亮。鍾南山知道，前方依舊還有障礙，或許更高、更艱難，但他的內心，滿溢著戰勝困難的信心與希望。

艱辛的旅途

呼吸疾病研究所剛成立時，鍾南山是個非常有凝聚力的人，他總能用自己的熱情，激發研究人員的活力。因為他，呼吸疾病研究所氛圍其樂融融，工作人員團結而和諧。鍾南山正全心以待，接受呼吸疾病研究所工作的新挑戰時，一個非常重要的機會落到了他的頭上。中國教育部將組織公費出國留學考試，選拔人才走出國門，留學海外。這是一個開拓視野、直接走進世界學術殿堂學習國外先進技術的大好機會。鍾南山報名參加考試。不過工作實在太忙了，他只請了十天假複習英語，覺得自己沒考好，沒抱太大希望。

幸運之神再次垂青於鍾南山，一九七九年九月，他拿到通知書，入選公費出國人員名單，獲得了赴英國愛丁堡大學深造的機會。緊接著，他們這批入選者就到中國礦業學院（今中國礦業大學）集中強化培訓英語一個月，為為期兩年的留學做準備。

鍾南山又得離開家了。八年前風塵僕僕回到廣州與家人相聚的一幕猶在眼前，八年轉瞬而過。夫人李少芬照料家裏的三位老人和兩個孩子，大大小小的家事加上自身工作上的重擔，令她操勞終日。但她都毫無怨言，默默承擔著，為的是讓鍾南山不受家事拖累，專心致志在事業上。妻子的操勞，鍾南山看在眼裏，記在心頭。在家的日子，尚沒能盡到為人父為人夫的責任；如今又將離家，鍾南山不免愧疚。但此番別離，不似從前的別離歸期未卜，前景不明，而這次鍾南山赴英國學習，是千載難逢的機會。妻子李少芬儘管心有不捨，但還是為鍾南山高興。

鍾南山出國之前，去了趟廈門，回鼓浪嶼老家看望在那兒小住的父親。他只住了不到四天，就匆匆離開。鍾南山離開廈門前，聽說學英語專業的表妹也要出行，便換成了與表妹同班次的客車，一路向表妹請教英語。馬上要赴英國留學，鍾南山又拿出一貫的拚勁，抓緊一切機會苦練英語。

一九七九年十月二十日是鍾南山四十三歲的生日，連同他在內的十六位公費留學生，一起坐上了北京開往英國的國際列車，鍾南山是組長，大家興致都很高。大家知道那天是鍾南山的生日後，就在國際列車上為鍾南山舉辦了一個特別而溫馨的生日慶祝會。鍾南山開心地度過了一個難忘的生日。

他們將在國際列車上度過九天。鍾南山從未經歷過如此長途跋涉的旅程，他聽著列車哐噹哐噹的前行聲，看著窗外飛馳而過的草原、森林、湖泊……那一片片他僅從書本上看到過名字的地域，如此真切地出現在他的眼前——他看到了深秋的草原廣袤無垠，沒有爛漫的野花，遍地是枯黃的草色；他看到了連綿不絕的山巒、美麗的白樺林、流動的雲朵、奔騰的馬匹……駛過草原，便到了中國最北端的漠河，出了漠河，也就越過了國界，他看到了貝加爾湖——蘇聯到了。車窗外溫度很低，雪花落下，大大小小的湖泊區域白雪皚皚。鍾南山雖只能透過車窗看景致變化，卻也著實開了眼界。列車到達莫斯科，停留半天時間，鍾南山和同行者還去參觀了列寧墓。列車繼續前行，進入波蘭，而後到達東德，接著穿越柏林圍牆，即將到達西德。在入境西德前，列車上的所有人被通知下車接受檢查。

在此之前，旅途一切順利，鍾南山以為此番入境檢查也能順利通過，可始料不及的事情發生了。中國留學生們的行李很多，包裹塞滿了日用品。第一次走出國門，中國留學生們知道國外的消費高，為了儘量減少花費，他們把能帶上的東西都帶上了，每個人都大包小包的。鍾南山是組長，費了很大力氣，才在啟程時幫著把全組人員的行李，見縫插針地塞到了車廂的行李架和鋪位下所有能放東西的空間。

中國人行李中的一包包白色粉末引起了德國人的警覺。白色粉末如此之多，塞滿了半人高的行李箱。德國警犬圍著這些可疑物品聞個不停。德國人立刻把十六個中國留學生扣下。

「這是洗衣粉啊……」鍾南山暗暗叫苦，他帶的洗衣粉最多。

撐得幾乎爆裂的行李箱被一個個打開，洗衣粉被一包包地扯開，德國人用德語一連串地詢問，但他們一個字都聽不懂。而他們回覆的中國話，德國人也不懂。面對德國人冰冷狐疑的目光，十六個中國留學生驚慌無助地愣在原地，不知如何是好，而列車幾分鐘後就將啟程。如果他們的行程就此被阻斷，鍾南山不知道該如何收拾如此不堪的局面。

情急之下，鍾南山靈光一閃，憋出了一句英語：「Washing powder！」

「Washing powder？」德國人狐疑地看著攤在地上的一袋袋白色粉末，蹲下，用手指蘸著放進嘴裏，皺了皺眉頭，不解地看著這群中國人。這些白色粉末，的確是洗衣粉，可這些中國人，為什麼要帶這麼多洗衣粉呢？是的，他們不能理解，出國留學，對於這些貧窮卻有著報國雄心的中國菁英來說，是如此不易。他們就是如此一分一釐地克己節省著，克服一切物質上的困難，只為有朝一日能實現抱負。

十六個中國留學生終於在列車即將啟程時，被放行了。鍾南山被嚇出一身冷汗，慌亂中將散亂的洗衣粉重新包好，塞進行李袋裏，再將行李袋行李箱快速整好扣好，大包小包地拖上列車。列車啟動前行，鍾南山幾乎虛脱。他是組長，勞累加上驚嚇，令他筋疲力盡。幸好虛驚一場之後，中國留學生沒有再遇到困擾，平安地抵達終點，而後坐船到達英國。

身體向來強健的鍾南山到了英國就病倒了。鍾南山當留學生的組長，盡心盡力照顧大家，如一根緊繃的弦，在旅途中承受了過多的壓力和勞累，加之語言不通，又從未出過國門，完成任務後精神一放鬆，人立刻支撐不住了。

第一次亮相

留學期限為兩年，但這十六位中國留學生得先到倫敦西部的「伊令，哈默史密斯及西倫敦」學院，用大約三個月時間學習英語。雖然出國前已進行過一個月的英語強化集訓，但是他們到了英國才知道，在中國接受的強化訓練遠遠不夠。

鍾南山被安排住在一位英國老太太家。一開始，鍾南山連聽明白英國人在說什麼都困難。話都聽不懂，就更別提和英國人溝通了。他在伊令學院，和從中國來的留學生結成了學習夥伴。有的留學生的英文程度相對較好，鍾南山就和他一起練習英語。鍾南山決定從練習聽力入手。每天晚上，他都花一個小時專門練習聽力。他聽英語錄音帶，一遍遍地聽，然後將聽到的英文一句句地記下來，每一句話，他都要聽懂聽明白並記錄正確才算過關。實在聽不懂，他就請教別人。

父親鍾世藩曾留學美國，英文功底深厚，他成了鍾南山遠方最貼心的英文老師。鍾南山用英文給父親去信，父親也用英文回覆。每回收到父親的回信，鍾南山都心頭一熱。

父親從遠方寄來的家信特別厚，裏邊不僅僅有父親的回信，還有鍾南山的去信。鍾世藩用紅筆，將鍾南山信中所有的語法、拼讀錯誤一一標注、修改。鍾南山與鍾世藩，就如此一來一去地用英文通信，漸漸地，鍾世藩修改的紅色標注愈來愈少了，鍾南山的英文水準提高得很快。這樣的通信持續了一年，直到鍾南山能夠靈活自如地使用英文。

鍾南山一邊學英語，一邊等待他的導師——愛丁堡皇家醫院（今愛丁堡大學醫學院的教學醫院）的大衛．弗蘭里教授的回信。他初來時，便給弗蘭里教授去信，表達了對導師的敬仰，並期待會面。可等了一個多月，導師的信才到，而且語氣淡漠。

「按我們英國的法律，你們中國醫生的資格是不被承認的。所以，你到醫院進修不能單獨診病，只允許以觀察者的身分，看看實驗室或看看病房。根據這個情況，你想在我們這兒進修兩年的時間顯然太長了，最多只能待八個月，超過這段時間對你不合適，對我們也不合適。你要趕快同英國文化委員會聯繫，考慮八個月之後到什麼地方去……」

鍾南山彷彿看到了導師寫信時那張冷漠的臉，他的心一下子涼了。千里迢迢到了英國，鍾南山刻苦練習英語，就是時刻想著早日取到真經。之前，他已經料到，到英國必將遇到許多困難，但他萬萬沒有料到，最大的難題，居然來自導師。導師質疑中國人的醫學專業水準，根本不歡迎他。

明知道導師並不歡迎自己，鍾南山還是在一九八〇年新年的第二天，硬著頭皮前去拜訪。弗蘭里教授的態度果然冷漠，信如其人。

「鍾醫生，你想幹什麼？」弗蘭里教授的語氣很直接，毫不客氣。他非常懷疑中國醫生的水準，顯然把愛丁堡皇家醫院接受中國醫生前來學習的差事，當作了一項走走形式的、不可理解的事情。鍾南山默默忍受著導師的輕視與誤解，向導師講了一番自己來此學習的設想。他告訴導師，自己到英國來，是以做研究為目的的，而不僅僅想做個觀察者。睿智的弗蘭里第一次感受到了面前這個中國人的執著追求，但他還是面無表情地吩咐鍾南山先看看實驗室，參與英國同行的查房，待一個月後再考慮做什麼。鍾南山相信，總有一天，他會讓導師明白自己的決心與專業水準的。

機遇總是留給有準備的人。一個多月後，鍾南山在教室裏再次遇到自己的導師弗蘭里教授。鍾南山上前給導師行禮，弗蘭里教授面對眼前這個誠懇而目光堅定的中國人，忽然心有所動，看著鍾南山問道：「你能不能講一講中國的醫療？」

鍾南山毫不遲疑，斬釘截鐵地回答：「OK！」他不知道自己怎麼就有那麼大的勇氣。他只知道：導師你讓我講，我就講；你給我機會，我就做！

答應下來後他才發現，只有一個月的準備時間，對他而言，太難了，從何講起？以他的英語水準能否勝任？鍾南山拚了！哪怕只有一個月的時間！他恨不得將一分鐘掰成兩半。

一個月之後，鍾南山的演講開始，台下座無虛席。

鍾南山製作了精美的幻燈片，圖文並茂地將自己精心準備的「中國醫療」簡報呈現在大家面前。他從中國的傳統醫學講起，講中西醫在呼吸醫學診斷方法上的相通之處，提到了中醫與眾不同地通過觀察病人的舌色來判斷病人是否缺氧和酸鹼平衡的情況，他還講解了中國古老的傳統醫術針刺麻醉。在這次演講中，鍾南山在呼吸疾病研究所所做的研究全部派上了用場。講座結束，全場掌聲雷動。

鍾南山在愛丁堡皇家醫院的「中國醫療」演講中所提及的中醫初診時的「觀舌色」診斷方法和針刺麻醉技術，也在臨床取得實證，獲得了教授和同行們的認可。雖然一開始，鍾南山在愛丁堡皇家醫院遭遇英國同行的偏見，但英國同行意識到鍾南山具備真才實學時，便立刻打破偏見，由衷地給予他信任與尊敬。

鍾南山在愛丁堡皇家醫院的生活過得很拮据，中國留學生每個月只有六英鎊的生活費。為了節省每一枚硬幣，鍾南山每日步行去學校，以省下地鐵錢。他自力更生，下廚煮飯，自己理髮，也幫別人理，他的廚藝和理髮技術大大長進，後來居然都得到了大家的誇獎。日子拮据，但鍾南山的心卻慢慢舒展開來。他漸漸地在英國為自己贏得了新的信任、新的尊敬。而他還有更重要的事要做，心中有追求的人，是不會困於物質匱乏的。

研究出成果

鍾南山主動為自己在愛丁堡皇家醫院的學習設定了研究方向：研究一氧化碳對血液氧氣運輸的影響。這個研究方向，既符合自己在國內進行的呼吸系統疾病研究，同時也契合導師弗蘭里教授期待開展的項目。

「現在，我們一起好好幹！」導師弗蘭里熱情地說。弗蘭里的臉上，已卸下了冷漠，充滿了信任與期許。

要做這項研究，儀器必不可少，但是愛丁堡皇家醫院那台研究血液氧氣運輸影響必備的血液氣體平衡儀卻出了故障，閒置一年多了。醫院購置新儀器需要時間，但只有兩年學習時間的鍾南山等不及了，他親自動手修理儀器。在鍾南山看來，動手修理儀器，不過是平常事。從前在慢性支氣管炎防治小組，他曾不止一次地動手維修儀器。現在，到了英國，雖然面對的是他從未見過的高級儀器，但情急之下，他又開始自力更生地解決難題了。維修血液氣體平衡儀需要用血液做檢測，鍾南山毫不猶豫地從自己身上抽血。一次二十毫升、三十毫升、四十毫升，鍾南山的血源源不斷地被抽出。一次，兩次，三次……一共三十次，鍾南山用自己八百毫升的鮮血，「喚醒」了這台價值三千英鎊的儀器。

「鍾醫生，您在中國也修過這種儀器嗎？」一旁的英國同行驚喜而好奇地問。

「不，我到這兒才第一次看到這種儀器的。」鍾南山如實作答。看著那用自己的鮮血「喚醒」的儀器，諸多感慨湧上心頭。他知難而上，又一次用自己的雙手解決了難題。

有了儀器，鍾南山開始按自己設定的方案，進行一氧化碳對人體影響的實驗研究。用什麼做實驗品？鍾南山想起了年少時飼養的那些小白鼠，現在他決定自己當小白鼠了。他一邊吸入一氧化碳，一邊讓同行從自己身上抽血監測。一氧化碳的濃度漸漸加大，鍾南山開始覺得頭暈，憋悶。當血液中的一氧化碳濃度達到百分之十五時，協同實驗的同行們發出驚呼：「太危險了！」

他們讓鍾南山趕緊停下。大家都知道，只有當一個人連續抽掉五十至六十支菸時，血液裏的一氧化碳濃度才能達到百分之十五。此時，鍾南山相當於吸入了大量的香菸，相當危險。鍾南山已經頭暈目眩，可他繼續堅持吸入。他在向自己的極限挑戰，向無限趨近於完美的實驗結果挑戰。當血液裏的一氧化碳濃度達到百分之二十二時，他終於停下了。他感到天旋地轉，極度難受，但心裏卻無比歡喜。他得到了自己想要的實驗結果。鍾南山用自己的身體，為自己設計的實驗方案交出了完美的答卷。他笑了，虛弱卻滿足——我就是小白鼠，我願意為了心愛的醫學事業，奉獻自己的身心與鮮血。

如此這般苦苦鑽研了兩個月。鍾南山每天工作十六個小時以上，白天做實驗，晚上整理實驗數據。他又接到了導師弗蘭里的來信：「下周皇家空軍代表和蘇格蘭醫學理事會主席要來參觀我們的實驗室，這關係到我們能否爭取到一筆可觀的建築實驗大樓的經費。我想請你為他們做有關各種因素對氧—血紅素解離曲線影響的報告……」

透過信紙，鍾南山彷彿看到了導師熱情而讚許的目光。鍾南山笑了。

五月十五日，弗蘭里教授來到鍾南山所在的實驗室，考察鍾南山的研究成果。鍾南山向導師展示了自己兩個月以來的研究成果。他通過實驗，不僅證實了弗蘭里教授之前用數據推導方式得出的一氧化碳對血液氧氣運輸影響的推導公式，而且發現推導公式不完整。弗蘭里教授非常高興。

「我一定要盡全力將你的研究推薦給英國醫學研究會。」弗蘭里睿智的雙眸裏，再沒有絲毫的蔑視，他敏銳地發現在眼前的中國學者身上，有著與眾不同的力量，有著一切成功者應有的稟賦與韌性。弗蘭里知道現在自己所要做的，就是所有公正、有氣度、惜才愛才者該做的事——給有潛力者助力一推，讓有潛力者的成果、有潛力者的才幹為人所知。

弗蘭里為鍾南山安排了一次「啤酒討論會」。所謂「啤酒討論會」，就是西方學術界學者小範圍地、自由公開討論學術問題的一種方式。參加討論會的學者一邊喝啤酒，一邊聽報告人演講最新的研究成果。來者可以自由發問，自由討論報告人的研究成果。弗蘭里為鍾南山安排「啤酒討論會」，就是讓他為參加英國醫學研究會熱身，並讓他的成果在學術圈的小範圍內先獲得論證。

鍾南山不負導師的期望，他的報告「一氧化碳對血液氧氣運輸的影響」獲得了呼吸科、麻醉科、內分泌科全體醫務人員的讚揚。他的研究成果在「啤酒討論會」上獲得一致好評。

一九八〇年九月，鍾南山在英國醫學研究會上做報告，實驗結論廣受讚譽。中國學者鍾南山引起了國際學術界的注意。他接到了歐洲免疫學會議的邀請，請他十月赴奧地利維也納與會。與會期間，他認識了倫敦大學附屬聖·巴弗勒姆醫院胸腔科主任戴維教授。戴維教授發出邀請，希望他來年夏天到聖·巴弗勒姆醫院來，一起合作研究哮喘病介質。鍾南山欣然答應。

一九八一年的夏天，鍾南山即將離開愛丁堡大學，赴倫敦繼續進修。在愛丁堡的日日夜夜，艱辛悲歡，點點滴滴，都留在鍾南山的心中。離別前夕，導師弗蘭里教授到美國出席學術會議去了，鍾南山無法與導師當面道別，便準備拜訪導師夫人並作別。弗蘭里夫人邀約鍾南山到家裏來。鍾南山如約而至，門一打開，他才發現，屋裏都是熟悉的同事們。音樂輕柔地響起，大家的臉上，帶著微笑和藏不住的離別的感傷。原來弗蘭里夫人在家裏專門為鍾南山安排了道別酒會，同行們都來了。一聲聲祝福、一個個惜別的擁抱、一件件離別的禮物，將鍾南山淹沒在友情的海洋之中。

向權威挑戰

鍾南山在聖·巴弗勒姆醫院開始了他的新研究。一件意想不到的事落到了他的頭上：他應邀參加九月份在劍橋大學舉行的全英麻醉學術研究會並做報告。這是愛丁堡皇家醫院麻醉科主任杜魯門教授為他帶來的機遇。鍾南山的一篇論文，挑戰了一位英國的學術權威——牛津大學雷德克里夫醫院麻醉科的克爾教授。鍾南山在愛丁堡皇家醫院做人工呼吸對肺部氧氣運輸的影響實驗時，發現自己的實驗結果與克爾教授的一篇論文的結論截然相反。鍾南山再三實驗，結果仍然發現與克爾教授的結論相左。鍾南山就此結論，寫了〈關於氧氣對呼吸衰竭病人肺部分流的影響〉的論文，並在愛丁堡皇家醫院麻醉科小範圍裏做了報告。杜魯門醫生被鍾南山嚴謹治學、堅持真理的精神所折服，認為此文很有價值，馬上推薦給了全英麻醉學術研究會，如此，才有了鍾南山受邀參加全英麻醉學術研究會的機遇。

鍾南山一大早就到了劍橋，下了車，他一眼就看見了歡迎他的杜魯門教授。杜魯門教授在前一天就從愛丁堡趕來了，兩位心有默契的同行朋友再次相見，分外高興。鍾南山的報告時間是下午，杜魯門教授見還有時間，熱情地驅車陪從未到過劍橋的鍾南山兜風，領略劍橋風光。朋友的熱情鍾南山不忍拒絕，劍橋秋色美不勝收，但車窗外的美景，鍾南山看在眼裏，卻入不了心裏。他的所有專注力，都在下午的報告上。

下午，報告時刻來臨。鍾南山面帶微笑，走上講台。他略微有點緊張，但這緊張恰到好處，他彷彿又回到了賽場上，槍聲響起，他全神貫注，奮力向著終點跑去。他愈講愈從容，愈講愈自信，他在講台上用幻燈片展示自己的實驗結果，闡述自己的觀點。他克服了緊張和不安。台下的杜魯門教授，為鍾南山的精彩表現暗暗叫好。這位可敬的英國學者，他的無私與慧眼，同樣地令人歎服。鍾南山報告完畢，台下的學者們不知道眼前這位黃皮膚的亞洲人是從哪裏冒出來的，居然膽敢挑戰學術界赫赫有名的克爾教授。但是，他的發言邏輯嚴謹，數據確鑿，令人信服。台下一片竊竊私語聲。隨後，克爾教授的跟隨者、三位高級助手一連向鍾南山提出十二個質疑問題，鍾南山都一一做了解釋。

會議常委一致舉手通過了這篇論文。會議主持人、英國臨床研究中心麻醉科主任勒恩教授最後也表態了：自己在實驗室所得出的實驗結果，與鍾南山的基本一致。他衷心祝賀鍾南山的成功，來自中國的鍾南山的研究是創造性的。

鍾南山為期兩年的英國留學生活即將結束。兩年的學習生活，雖極為艱辛，但成果纍纍。他完成了七篇學術論文，在呼吸系統疾病防治的研究方面，取得了六項重要成果，其中有四項分別在英國醫學研究學會、麻醉學會及糖尿病學會發表。英國倫敦大學附屬聖·巴弗勒姆醫院和墨西哥國際過敏反應學會分別授予鍾南山「榮譽學者」和「榮譽會員」稱號。愛丁堡皇家醫院特地派人前來挽留鍾南山，請他去那兒工作。鍾南山謝絕了愛丁堡皇家醫院的好意。

留學英國兩年，鍾南山的才華與能力已被英國學術圈認可，留在英國，他就能擁有更優越的研究條件、更高層次的學術平台，也許事業前景更為明朗。但是，鍾南山知道自己必須回去。初來時，自己之所以受到冷遇與輕視，源於國家經濟、醫藥衛生事業的貧窮與落後。而他，正是為了改變國家的醫學面貌而來的，為此，他願意奉獻自己的一切。巴甫洛夫的那句話「科學沒有國界，但科學家卻有國界」，深深烙刻在他心裏。

一九八一年十一月八日，鍾南山結束了在英國兩年的學習，學成歸國。他接到了中國駐英大使館轉來的一封信，是導師弗蘭里寫給他的道別信。弗蘭里在信中寫道：「在我的學術生涯中，我曾經與許多國家的學者合作過，但我坦率地說，從來未遇到一位學者，像鍾醫生這樣勤奮，跟我合作得這樣好，工作這樣卓有成效。」這就是當初質疑鍾南山前來何用的導師，在兩年後給予鍾南山的評價。弗蘭里嚴謹、踏實、富於探索精神的學者風範，深深刻在鍾南山心中，成為他後來的榜樣。

回想兩年來的留學生涯，鍾南山覺得受益最深的有兩點：第一點是，如果第一步還沒有走好，絕不走第二步；第二點是，不要認為權威的話就是對的，一定要相信自己所看見的事實。他從英國專家身上得到的最深體會是，即使做一件很小的事，寫一篇小文章，都要極其有針對性。英國同行實事求是、踏踏實實的作風，深深影響了鍾南山。在英國的留學生活，深刻影響了鍾南山的研究態度和工作作風。

英國同行的研究態度與工作作風，也讓鍾南山想到了自己的父親鍾世藩。父親嚴謹、刻苦、踏實的作風，與他所見的英國專家何其相似！其實，無論西方人還是東方人，要成為一流的專家，必須具備一流的研究態度與工作作風，這是超越平凡、抵達卓越的根本。最讓他高興的是，對己對人的要求都極為嚴格的父親鍾世藩終於讚揚他了。父親鄭重其事地對他說：「你終於用行動讓外國人明白了，中國人不是一無是處。」那時，鍾南山四十五歲了，這是他自記事起，第一次獲得父親的讚揚。五十年前，父親放棄了在美國優越的工作與生活環境，毅然回國；而現在的他，與父親當年的步履方向一致，毫不遲疑。

鍾南山回國了。他的行李很單一，除了書，還是書。這些書，他由水路，從英國運回了幾箱。除了書，還有裝在他腦子裏的留學所得，這就是他從英國帶回來的全部寶貝。

鍾南山在英國留學的主攻方向，是呼吸疾病的研究與防治。回國之後，他與呼吸疾病研究所的其他領頭人，共同定下了呼吸疾病研究所的主攻方向：支氣管哮喘的發病機理與診治；缺氧性動脈高壓機理與治療；支氣管肺炎發病機理與成人呼吸窘迫綜合症防治；慢阻肺膈肌功能；慢性阻塞性肺疾病（COPD，簡稱慢阻肺）、肺源性心臟病（簡稱肺心病）病人營養及營養療法。

鍾南山帶領團隊，到廣州石油化工總廠，對氨作業區的工人進行了肺功能檢查，並將檢查數據與廣州市內相對非汙染區的人員的檢查數據做比照。研究結果顯示，在當時中國國家衛生標準所設定的氨標準安全濃度環境中長期工作，並非絕對安全。鍾南山的這一研究結果，為中國制訂石化工業中安全的氨標準濃度，提供了科學依據。對石油化工廠的研究並未到此結束，鍾南山又將研究結果與吸菸對呼吸系統疾病影響的研究聯繫到一起。

一九八四年，鍾南山帶領呼吸疾病研究所團隊，使用自己從英國帶回的英國胸腔協會標準諮詢普查表，與世界衛生組織、廣東從化初級衛生保健中心、廣東從化呼吸病防治組一起，赴廣東從化良口鎮調查研究，蒐集了寶貴的第一手調查數據。數據到手之後，由於呼吸疾病研究所沒有統計計算所需的計算機，鍾南山與同事們耗費了大量的心血與精力，全靠人工，對數據進行整理、統計，得出了吸菸與慢性支氣管炎和支氣管哮喘發病關係的結論，並找到了適合當地的防治與治療辦法。這次辛苦的調查，填補了華南地區吸菸與慢性支氣管炎發病情況調查研究的空白，為華南地區慢性支氣管炎的防治與治療提供了指導性意見。調查結束之後，廣東從化建立了呼吸疾病防治研究基地，為之後進一步深入開展研究奠定了良好的基礎。此次調查研究形成的論文〈廣州從化地區吸菸現況及其與慢性支氣管炎發病的關係〉，引起中外醫學界的關注與重視，此項研究被世界衛生組織納入研究計畫。

在肺源性心臟病的病因及防治實驗中，鍾南山請來了大活豬。其實，早在鍾南山剛剛將視野從支氣管擴張到肺源性心臟病研究時，他就開始尋找適合的實驗動物。一開始，少年時當過「小白鼠飼養員」的鍾南山，選擇用小白鼠做實驗。可小白鼠適合父親鍾世藩的鼠胚胎病毒培養研究，對於鍾南山所做的肺源性心臟病研究卻不理想。後來，實驗動物換成了豬。

鍾南山發現豬的肺和心與人類相似，豬也會得肺源性心臟病。鍾南山和同事開始在豬身上做實驗。沒地方做實驗，大家就把辦公桌都搬到外面，把豬趕進去，早上六點進去，半夜一點出來。大胖豬時常出入呼吸疾病研究所，而每當「豬先生」現身，鍾南山和研究人員就得連續實驗十幾個小時，出來後累得直不起腰。

經過不懈努力，他們終於弄清楚了肺源性心臟病的發病機制和病理原因，找到了缺氧和肺動脈之間的關係，找出了造成肺高壓的原因，為治療肺源性心臟病提供了新依據。

在對豬進行實驗的過程中，研究人員掌握了必要的心肺研究技術性技巧，取得了令人矚目的研究成果，令呼吸疾病研究所的研究水準躋身中國國內先進之行列。

找到了病因，鍾南山和呼吸疾病研究所的同事繼續前行，向減輕患者痛苦、治療康復方向探尋。鍾南山發現了營養支持療法對病人治療及康復的重要性。鍾南山試圖在固本的基礎上，讓病人增加營養，增強體質，對抗疾病。在這項研究基礎上，一九八九年，他首次在中國國內提出了慢阻肺患者基礎能耗校正公式。經過成百上千次的實驗，鍾南山和科學研究同事終於研製出了符合中國慢阻肺病人營養需求的全營養素「優特力生」。「優特力生」可以顯著提高病人能量獲取及代謝水準，對中國國內慢阻肺和肺源性心臟病病人的營養供給治療起了極其重要的作用。

將士拚殺，需要良好的武器，科學研究工作者探索科學高峰，需要適合的實驗儀器。研究哮喘，需要測定氣道反應。一直以來，氣道反應檢測的儀器用的是進口儀器，價格昂貴，國內只有幾台，根本無法提供至基層醫院。鍾南山的研究向前推進，但單位的設備儀器更新速度根本無法跟上他的節奏。鍾南山當年在英國用八百毫升鮮血「喚醒」故障儀器的狠勁又上來了。沒有儀器，我們自己造！鍾南山埋頭苦幹三個月，終於研製出簡易支氣管激發實驗儀。這台實驗儀與進口儀器檢測功效相當，操作簡便，售價低廉，是一款適合中國國情，適合中國醫療、科學研究實際情況的儀器。這項成果，造福了廣大醫療工作者和患者，不僅僅向世界證明了中國科學研究人員在高、精、尖儀器、設備上的創造能力，也表明了中國醫療研究工作已漸漸擺脫完全依賴進口設備的狀況，步入獨立、自給的良好方向。此後，鍾南山在研究推進過程中，又陸續研製出電腦化膈肌功能測定儀、峰速儀……他猶如跑道上那個迎風疾跑的鬥士，披荊斬棘，用自己的雙手和智慧，為後來者開闢前行道路。

不得不說，要成為某一行業的翹楚，除了志向高遠，勤勉刻苦，還需在專業領域上大膽假設。鍾南山在剛剛加入慢性支氣管炎防治小組時，就以敏銳的直覺，從病人的痰液中，找到了研究慢性支氣管炎的方向。回國之後，他又注意到因症狀普通而被輕視的「病因不明的頑固性咳嗽」。鍾南山想起在英國留學時，在筆記上記錄過的一件事：一九七七年，美國科羅拉多州立大學醫學院教授杜馬斯．佩蒂提出「隱匿型哮喘」（咳嗽變異型氣喘）的概念，但由於缺乏具體數據，沒被醫學界承認。鍾南山決心就從「頑固性咳嗽」這方面深耕，把「隱匿型哮喘」命題弄清楚。鍾南山從氣道高反應性與哮喘之間的關係入手，設定普查方案，組織廣州呼吸疾病研究所人員進行調查研究。

在歷經幾年普查及隨訪獲得了大量第一手數據之後，鍾南山及研究人員在論文〈無症狀的氣道高反應性提示有隱匿型哮喘嗎？〉中，首次證實並完善了杜馬斯・佩蒂所提出的「隱匿型哮喘」的概念。

鍾南山所提出的「隱匿型哮喘」新觀點，在一九八八年亞太胸肺會議、一九八九年亞太呼吸病會議、一九九〇年歐洲呼吸病會議、一九九二年香港國際兒科疾病會議上被宣讀。其中，「青少年氣道反應性資料」被第十一屆亞太胸肺會議選為最佳展出文章。「隱匿型哮喘」的觀點被世界衛生組織及美國國立衛生研究院聯合撰寫的《哮喘全球防治創議》引用，獲得中外同行的認可。鍾南山被美國胸腔科協會授予「特別委員」稱號。鍾南山所做出的「隱匿型哮喘」研究成果，對中國哮喘疾病的預防與治療，也起到了積極的推進作用。

團隊領導人

鍾南山從英國帶回了研究成果，也帶回了國際一流科學研究者所應具備的嚴謹、踏實的研究作風和態度。一九八四年，他出任廣州呼吸疾病研究所所長。一九八六年，他擔任呼吸內科教授、碩士生導師。一九八七年，他出任廣州醫學院第一附屬醫院（廣州醫科大學附屬第一醫院）院長。一九九二年，他擔任廣州醫學院黨委書記、院長，當選中共廣州市委委員。一九九三年，當選第八屆全國政協委員，擔任博士生導師。一九九四年，他作為中國唯一的科學家代表，參與組織制訂「全球哮喘防治戰略」。

鍾南山是位專業技術精湛的研究者，也是位視野開闊的管理者。他是研究所、醫院的靈魂人物，影響著身邊的研究人員，影響著單位的工作氛圍、視野和方向。廣州呼吸疾病研究所由最初只有三個人的小組發展為下設呼吸內科、胸腔外科、重症醫學科、實驗室等多個臨床科室的研究所。廣州呼吸疾病研究所專注於呼吸疾病的研究，堅持基礎與臨床的緊密結合，逐步發展成為一個集科學研究、醫療和人才培養於一體的呼吸病學專業基地。其中呼吸系統疾病危重症的監護與搶救是呼吸疾病研究所的特色專長，專業水準與影響力均在中國國內前列，其監護條件與設備、管理水準和搶救成功率也接近國際水準，被中華醫學會呼吸病學分會作為培訓基地。一九九三年，廣州呼吸疾病研究所經廣東省教育廳正式批准建立省重點學科，一九九四年成立廣東省呼吸疾病研究重點實驗室。

「下一個目標，是將呼研所建成國家重點實驗室。」廣州呼吸疾病研究所在取得省重點實驗室資格之後，鍾南山如此宣示。他說到做到，帶領團隊繼續奔跑向前，向前！艱苦奮鬥了十幾年，鍾南山的心願終於實現。二〇〇七年，經中國科技部批准，由廣州呼吸疾病研究所和中國科學院廣州生物醫藥與健康研究院合作創建了呼吸疾病國家重點實驗室，這個實驗室是國內唯一的呼吸系統疾病國家重點實驗室。

至二〇〇二年，鍾南山擔任廣州醫學院院長十年，廣州醫學院也取得了令人矚目的發展成果：學院由原來的七個三級學科碩士點增加到二十五個三級學科、十一個二級學科碩士點；成立了廣州市高校第一個博士點；科學研究也首次獲得了中國國家最高級別的立項和資助。鍾南山倡導「廣醫人精神」——艱苦創業、腳踏實地、開拓進取。他鼓勵身邊的人，少一點自卑感，多一點自信，承認落後但要不甘落後，多看到自己的長處，別總糾結於自己的不足，妄自菲薄，要敢於創新，敢於懷疑，敢於突破。他時時不忘為廣醫人鼓勵，他對廣醫人說，廣醫不大，並不一定要像那些先進的醫學院校一樣急於全面開展，但可以突破一點，打到全國去。廣醫人要有這個信心和志氣。

對於醫學人才的培養，鍾南山提出了「丁字型」模式，這是人才培養的新方向，與大家普遍認同的人才培養的「金字塔」模式不同。「金字塔」模式重視基礎，要求人才在基礎層面層層打磨，而後逐漸成為某一領域的尖端人才。但鍾南山認為，當代醫學學科分類愈來愈細，培養人才若按「金字塔」模式，面面俱到打基礎，勢必耗費大量的精力與時間。他認為，人才培養到了研究生階段，就該按「丁字型」模式，讓人才直接深耕鑽研某一專業領域，集中有限的時間與精力，專注學習研究，擁有拔尖的專長。倘若一個團隊擁有諸多「丁字型」尖端人才，那麼整個團隊的實力也將得到提升。鍾南山指導的研究生，就是按這個思維培養起來的。這些研究生各有專長，專業精尖。

一九九六年，世界衛生組織的專家來中國考察，對廣州呼吸疾病研究所的評價是：你們的研究所是一流的，研究生也是一流的。

作為團隊帶頭人，鍾南山是威嚴而令人敬重的。他要求自己的效率，也要求身邊的團隊成員。他對團隊成員的要求嚴格，對待他們也很嚴厲，要求他們工作第一要快，第二要好。而他身邊的人，並沒有因為他的嚴厲而有微詞，因為他以身作則。鍾南山成為身邊人的標竿，眾人信服他，也願意跟從他，向他學習。他影響了整個研究所的作風，他的嚴謹與高效，也成為整個研究所、整個醫學院的工作風貌。

院士的誕生

一九九六年四月，由於鍾南山在對哮喘疾病、慢性阻塞性肺疾病膈肌功能的研究，以及對慢性阻塞性肺疾病及肺源性心臟病病人營養狀態和營養療法的研究中所做出的突出貢獻，中國工程院決定授予鍾南山教授中國工程院醫藥衛生工程學部院士。

他是廣東省第一位醫藥衛生工程學部院士！

鍾南山對於自己當選醫藥衛生工程學部院士感到意外，他認為選上院士的大多年事很高，有眾多成就，相較於他們，自己尚屬小字輩。面對鮮花與掌聲，鍾南山保持著一貫的理智與謙卑，他十分謙虛地自嘲道，自己是沾了院士選拔政策上對年齡限制的光。在廣州醫學院為他舉行的慶祝會上，他說，這一稱號只代表著過去的成績，並不意味著在以後的日子裏，他就一定是最強者。最令他感到高興的是，他是在廣州醫學院取得成果，而後成為院士的。

在慶祝會發言中，鍾南山特別指出：「我們的學校很小，是一個不起眼的地方院校，但是我們這麼小的學校也可以出院士。」他的這句話如此坦誠而又如此真切，再次印證了之前自己時時勉勵廣醫人的話語。如今他現身說法，以自己的信念激勵廣州醫學院裏的所有醫學工作者，激勵所有在平凡的環境中、平凡的工作崗位上，心有大志、努力進取的人奮發圖強。

鍾南山從來不羞於承認落後。他說，人最重要的是承認落後，承認落後並不是壞事，是為了不甘於落後。不要以為自己條件差就不行，要自己創造條件。在他的一生中，這是一直佔據心中的主導思想。而他也用自己的實際行動，完美詮釋了承認落後，而後奮力追趕，超越平凡，抵達卓越的過程。

慶祝會結束後，已經晚上九點多了，鍾南山心繫醫院裏自己尚未完成的工作，坐上駛往醫院的車子，打算繼續做他該做的事，繼續完成他該完成的任務。車窗外，慶功的燈火、掌聲、鮮花、笑臉，一一飛馳而過，轉瞬隱沒。

鍾南山彷彿又看到了少年時的自己，騎在母親獎勵給自己的自行車上，穿行在清風旭日之間；想起青年時的自己，奔跑在四百公尺跨欄的賽道上，衝刺到終點；想起火熱的鍋爐前，自己拚盡全力，支撐起沉重的身軀；想起在英國的第一講，面對台下質疑的目光，自己迸發出更蓬勃的激情，用智慧與意志，贏得了一片掌聲……俱往矣！當下與未來，尚有長路可行，榮譽與悲欣，不會成為自己的負擔，而應當成為自己繼續前行的動力。

當選院士的鍾南山，依舊堅守在醫療第一線。「不管是院士還是院長，我首先是醫生。」鍾南山如是說。他堅持每週查房、出診。他說，只有堅持到醫療第一線，才能體會到醫生的喜怒哀樂，才能瞭解病人有什麼問題需要解決，以便做出正確的決策。鍾南山認為，科學研究的靈感來源於實踐，也只有到了第一線，才能找到臨床上最需要解決的問題。

他的專家門診，工作量抵得上別人的三倍。從全國各地慕名而來求醫的患者擠滿了廣州呼吸疾病研究所一樓的門診室，擠滿了門診室外的候診區、走廊、外頭的過道……鍾南山常常從下午一點半開始準備，兩點準時開始坐診，一直工作到晚上十點。其間不斷地接診病人，鍾南山根本沒時間休息。

送走最後一名病人時，鍾南山面前出現的是妻子李少芬提著保溫瓶的身影。妻子默默地等著，手裏提著他的晚飯，等他能歇下來，吃點東西。鍾南山幾乎感覺不到餓了，精神高度集中的高強度的看診工作，讓全神貫注的他根本感受不到飢餓。李少芬送飯來，看著他吃完才放心離開。她得看著他吃，不然鍾南山一有其他事情打擾，就又去忙別的了，會忘掉吃晚飯。

榮譽接踵而來，一九九九年，鍾南山獲得了一個特殊的榮譽——他被母校北京醫學院評選為六位傑出校友之一。此時，北京醫學院已更名為北京醫科大學，在學校的「鍾南山事蹟介紹」中，對鍾南山的評價如下：「他是近十幾年來，推動我國呼吸疾病研究和臨床事業走向世界的傑出領頭人之一。他和他的同行，在這個專業的突出貢獻，奠定了我國呼吸疾病，特別是哮喘及呼吸肌的醫研水準在亞太地區的領先地位。」

而此時，鍾南山更期待得到父親的稱許，可他永遠等不到了，他所敬重的父親鍾世藩在一九八七年去世了。直至生命的最後時期，父親在身體有病、行動不便的情況下，還將病毒實驗搬到家中進行，永不放棄對事業的追求。

「三十五歲了……」他一直記得父親當年那聲低沉的歎息。而今，看到現在的他，父親會讚揚他嗎？他只記得父親唯一一次讚揚他，是在他英國求學獲得成果時。父親不在了，但父親當年這聲「三十五歲了……」的歎息，永遠鮮活，將一直烙印在他心底，鞭策他永遠向前，永不懈怠！

「SARS」忽來襲

二〇〇二年底，一種奇特的疾病——急性傳染性非典型肺炎（簡稱「非典」）突然襲擊廣東。「非典」來勢洶洶。

這一年，鍾南山六十六歲。作為廣東省呼吸疾病首屈一指的專家，原本只在行業內享有盛譽的他，被推到全國人民面前，推到全世界萬眾矚目的聚光燈之下。

二〇〇二年十二月二十二日，廣州醫學院第一附屬醫院、廣州呼吸疾病研究所收治了一位從河源市醫院轉來的病人。鍾南山到加護病房（重症監護病房）查房時，一些醫生向他談起了這位從河源轉來的病人病情奇特。病人的病歷紀錄顯示，其不僅持續高熱、乾咳，而且經X光透視出現了「肺部浸潤」，雙肺部瀰漫性滲出病變，陰影佔據了整個肺部，使用各種抗生素治療均不見效。

鍾南山對病人進行了身體檢查，並對病症進行分析。他發現這個病人發燒並不嚴重，其他器官也沒有出現問題，唯一特別的地方，就是肺部很硬。正常人的肺猶如橡皮球般柔軟有彈性，空氣吸入，肺部就脹起；空氣呼出，肺部就癟下。但這位病人的肺已經沒有彈性了，硬邦邦的，吸入呼出空氣時肺部膨脹收縮的反應都很不明顯。倘若用一般的辦法來通氣，就很容易導致氣胸。

患者在經會診後又用了很多抗生素，可還是不見成效。鍾南山考慮患者的肺已經出現急性損傷，便嘗試著用大劑量的類固醇進行靜脈點滴治療。病人已生命垂危，鍾南山對治癒病人的勝算並不大，但鍾南山還是沒有放棄努力。用類固醇治療後，意外出現了，到了第二天、第三天，病人的病情竟明顯好轉，這使鍾南山和團隊醫生非常吃驚。

二〇〇三年一月二日，有消息傳來，在河源與這位病人有過接觸的八個人，都感染了相同症狀的肺炎。這八個人，有的是醫務人員，有的是病人家屬。鍾南山敏銳地意識到，這例肺炎非同尋常，是值得關注的特殊傳染病。鍾南山馬上指示，要將情況報告給廣州市越秀區防疫站，同時要求做好一定的防護隔離工作。

一月二日接到消息，當日下午廣州呼吸疾病研究所的專家便到河源市會診。接著，廣東省中山市又出現類似病例。一月二十一日，鍾南山與中國疾病預防控制中心和廣東省疾病預防控制中心的專家們一同赴中山市進行會診和現場考察，對三十多個病人進行會診和搶救。情況愈來愈嚴峻，當務之急，得儘快找到病因，找到預防與治療的方法。專家們在中山夜以繼日地工作著，他們合作檢測常見的可以導致肺炎且具有傳染性的病原體，都沒有結果。

調查情況印證了鍾南山的預感：這是一種人類從未見過的傳染病，臨床表現與典型性肺炎不同。病人主要表現為高熱、乾咳、呼吸困難等症狀，如搶救不及時，病人極易死於呼吸衰竭或多臟器衰竭。專家小組將調查結果「關於中山市不明原因肺炎的調查報告」送達廣東省衛生廳。在調查報告中，鍾南山與廣東醫學專家對於非典型肺炎的病因尚無定論，但認為病毒性感染的可能性大；報告提出的治療原則為酌情使用類固醇等；預防措施包括隔離病人，病房通風、換氣、消毒；並對疾病的傳播途徑做出了可能通過空氣飛沫傳播的預判。

這份報告，是中國第一份關於非典型肺炎的報告。在這份報告中，第一次將這種致命的傳染病命名為「非典型肺炎」。二〇〇三年三月二十八日，世界衛生組織才根據這種病的臨床表現和流行病學特點，將其命名為「嚴重急性呼吸道症候群」（Severe Acute Respiratory Syndrome, SARS）。而「非典型肺炎」這一命名，在中國依舊被廣泛採用。這份報告的準確性與預判性，在事後都得以證實。可以說，鍾南山與廣東醫學專家，在「非典型肺炎」剛冒頭時，便沿著嚴謹、務實、高效的正確方向，與病魔正面交戰。他們所進行的，不是一般的研究或者臨床工作，而是冒著被感染的風險的探索。

接到專家組報告的第二天，廣東省衛生廳就發出了通知，要求各醫療單位認真學習並掌握治療方法。廣東省「非典型肺炎」醫療救護專家指導小組成立，鍾南山任組長。

鍾南山迎來了他人生中最大的挑戰，這是他人生中第三次與死神面對面。嬰兒時，他僥倖從敵機轟炸中逃生。少年時撐傘飛身躍下，僥倖逃生。如今，他要用自己的雙肩挑起國家交給他的重擔，對抗一個面目不清卻極具殺傷力的強大而凶險的病魔。他別無選擇，必須迎頭而上，用自己的智慧與勇氣，為大眾的健康撐起一把保護傘。

勇氣與擔當

二〇〇三年一月中旬到二月中旬，「非典型肺炎」病因未明，疫情卻不可遏止地四下蔓延。鍾南山在疫情一開始時，就提出了自己的協作觀點。第一，對付「非典型肺炎」，需要流行病學，首先是病原學和臨床方面的密切協作，只有這樣才能真正找到它的病原。第二是國際協作，這種病是人類的致命疾病，只有綜合各國的優秀科技成果，群策群力，共同合作，才能早日解決問題。

為了儘快找到「非典型肺炎」病原，遏制疫情，鍾南山承受著來自各方的壓力，將協作的目光投向了香港大學。香港的醫療檢測技術水準相對較高，而且香港大學有他信任的兩位微生物學教授，同時也是他的學生。為了早日找到病原體，鍾南山將病人身上的病毒樣本取下，交給兩位學生，他與學生的交流合作開始了。這不僅僅是他與學生之間的合作，更是大陸內地與香港協作攻克「非典型肺炎」的開端。

鍾南山已連續一個多月，艱苦奮戰在抗擊「非典型肺炎」第一線。他發起高燒，接著開始咳嗽，肺部拍片顯示發炎的現象。鍾南山支撐不下去了，得住院治療。去哪裏治療？鍾南山知道穩定軍心的重要性。自己是抗擊「非典型肺炎」的聚焦點，「非典型肺炎」的病因未明，民眾對「非典型肺炎」的恐慌如陰霾迅速擴張，如果連自己都倒下了，勢必引發各種猜測，各種捕風捉影的消息也將不脛而走。穩定壓倒一切，鍾南山不能讓自己在自己的病人面前倒下，在自己的團隊面前倒下。若去其他醫院，自己是「非典型肺炎」疑似病人，也會給其他醫院帶來恐慌。鍾南山，這位日夜為救治「非典型肺炎」病人而操勞、用自己的愛心與高超醫術診治了無數重症病人的醫者，當自己生病時，卻找不到合適的醫院治療！

鍾南山決定回家治療。在鍾南山最困難的時候，家總是他最安心的地方。鍾南山回家了，疲倦而虛弱。一踏進家門，他的心立刻平靜下來了。妻子李少芬早已安排好一切，家裏的門框上釘了釘子，可以掛上點滴。妻子讓他換下所有的衣服，洗澡潔身後安心休息。他在家養病的每一天，妻子細心呵護，為他擋住所有的外界干擾，讓他安心養病。即使他有可能得的是凶險的「非典型肺炎」，李少芬也從未懼怕，或者對他流露出一絲絲的嫌棄。李少芬對他的愛與包容，義無反顧。她隱沒在他的鮮花與鎂光燈之後，卻在他最虛弱無助時挺身而出。

萬幸的是，只用抗生素治療，五天之後，鍾南山肺部的陰影就沒了。他得的不是「非典型肺炎」，而是普通肺炎。極度虛弱的鍾南山在李少芬的堅持下，又休息了三天。第九天，鍾南山出現在廣州呼吸疾病研究所。

他是如此虛弱，手幾乎拿不穩東西，可他來了，就站在他的同事、他的病人面前。有那麼多病人，說不出話的病人，躺在病床上，用眼神告訴鍾南山：你在，我就踏實了；你在，我就能活！是的，只要他站在那兒，他身邊的人彷彿就有了希望，有了信心；只要他站在那兒，病人的心就踏實了。如此不可辜負的目光，如此不可辜負的信任！這就是鍾南山為醫學事業捨己奉獻、精進不懈的動力，這就是他從事醫學事業的動力源泉。

此時，珠江三角洲一帶確診病人愈來愈多，明顯出現家庭群聚和醫院群聚感染。廣東發現傳染性極強的疫情這一消息，不僅有各大媒體的追蹤報導，還有各種民間擴散的傳言。民眾在恐慌中密切關注著疫情，各種猜測紛至沓來。謠言從廣州出發，向珠三角蔓延，而後又向福建、江西、海南、廣西、香港等地傳播，甚至連北方城市也有波及。廣州市民開始搶購白醋、板藍根和所有預防感冒的藥物，這股搶購狂潮甚至席捲了廣東之外的地區。

為了安撫民心，二月十一日，廣東省衛生廳組織召開記者見面會，公開發佈「非典型肺炎」疫情和病人醫治情況。鍾南山受命講解。面對全國人民，面向全世界關注的目光，鍾南山堅毅、篤定地說道：「『非典』並不可怕，可防，可治。」

院士的話語，一言九鼎，院士篤定誠懇的神情，令人信服。人們並不知道，為了得出「不可怕、可防、可治」的結論，鍾南山已經帶領團隊，與病魔爭分奪秒地奮戰了四十多天。「鍾南山」這個名字，從此已不僅僅代表他個人，還成為抗擊「非典型肺炎」的勇氣與信心的符號。

以事實為據

二〇〇三年二月十一日，鍾南山發言時指出，「非典型肺炎」病因不明，但從臨床綜合考慮，病毒性感染可能性較大。但是病原體是什麼？找到病原體，才能真正扼住病魔之喉。

二月十八日，某地疾控中心的專家稱，引起「非典型肺炎」的病原體基本確定為披衣菌（衣原體）。廣東醫學界十分震驚——如果病原體為披衣菌，那麼治療方案就簡單多了，可如果「病原體為披衣菌」的判斷是錯誤的，那麼按錯誤的方案治療，將付出更多人的生命！

「僅從兩個肺組織的標本的電子顯微鏡觀察結果下結論，科學根據不足。在病人屍檢中發現的披衣菌病原僅能作為兩位被解剖者死亡的病因之一，並不能證明披衣菌就是導致這兩名死者死亡的唯一病因，更不能簡單地認定披衣菌就是唯一病原。」

在廣東省衛生廳的緊急會議上，鍾南山發聲質疑。

廣東省的專家組支持鍾南山，他們認為，從臨床上看，「非典型肺炎」的病原更像是一種新型病毒。為了對病人負責，他們也參考了該地疾控中心的結論，調整了治療方案，採用了針對細菌、病毒、披衣菌的多種藥物和對症療法。

鍾南山在關鍵時刻闡明直言的原因：「科學只能實事求是，不能明哲保身，否則受害的將是患者。」他的目光堅毅，他的神情莊重坦蕩，與他所敬重的父親鍾世藩那麼相像。他相信，父親一定也堅定地站在他這邊。

鍾南山一面頂著壓力，質疑「病原體為披衣菌」的說法，一面在實踐中慢慢摸索出對症治療的措施。書本上沒有的，只能在實踐中摸索。鍾南山親自查看每一個病人的口腔，並得出了「非典型肺炎」病人與一般肺炎病人不一樣的症狀特點：「非典型肺炎」病人咽部沒有症狀；發燒，白血球數量低，肺部有發炎，但肺部沒有雜音；而最突出的特徵就是呼吸困難。通過親自觀察病人口腔，鍾南山得出了所有病例均無上呼吸道感染的結論。這些親自診治、近距離觀察接觸病人的實踐經驗，讓他更加確認病原體非披衣菌的判斷。

鍾南山後來在接受中國中央電視台《面對面》節目採訪時說道：「我們臨床感覺有兩個大的不同，很難用披衣菌引起的肺炎來解釋：第一，披衣菌引起的肺炎很少會這麼嚴重；第二，我們採用了足夠劑量的抗披衣菌、黴漿菌（支原體）的藥物，但是一點兒效果都沒有。當時我考慮，除非這個披衣菌是一種特殊的變種，否則的話很難用披衣菌來解釋。」

在鍾南山的主持下，「廣東省非典型肺炎病例臨床診斷標準」出台了，為各醫院收治「非典型肺炎」病人提供了明確的臨床診斷標準，解決了實際問題。在未弄明白病原體是什麼時，在鍾南山的指揮下，廣州呼吸疾病研究所在實踐中摸索出一套「對症治療」的方案。這套方案有效提高了重症病患的救治成功率，並被其他醫院所學習採用。他們總結了「三早三合理」的經驗：早診斷，早隔離，早治療；合理使用類固醇，合理使用呼吸機，合理治療併發症。他們創造了「無創通氣」法，即用無創鼻部面罩通氣，而不是通常對重症病人採用的插管或氣管切開術通氣，以減少病人的痛苦，避免更嚴重的繼發性感染。他們根據病情，適時、適量地對病人使用類固醇，大大降低了病人的死亡率。

以上措施，與傳統臨床救治措施大相逕庭，引發諸多爭議。但是，以鍾南山為代表的廣東醫務人員以實踐為依據，力排眾議，並獲得支持。三月九日，廣東省衛生廳下發《廣東省醫院收治非典型肺炎病人工作指引》，將以鍾南山為代表的廣東醫務人員抗擊「非典型肺炎」的救治經驗形成工作指引，下發各地市與省直、部屬醫療單位。

送到我這裏

三月是廣東抗擊「非典型肺炎」最嚴峻的時期，幾家專門用於收治「非典型肺炎」病人的醫院不堪重負。三月十七日，廣東省全省累計報告病例首次突破一千例。由於「非典型肺炎」具有極強的傳染性，在救治病患過程中，醫務人員首當其衝，接二連三地受到傳染，一個個倒下。在最危險的時刻，鍾南山向廣東省衛生廳說：「鑑於呼研所的技術力量，同時考慮到重症病患有較強的傳染性，應集中治療。把最重的病人都送到我這裏來！」

鍾南山臨危決定帶領整個呼吸疾病研究所的同仁，挺立於最危險的抗擊「非典型肺炎」的一線，這是醫者的擔當使然。鍾南山在面對挑戰時與眾不同之處就在於，當挑戰來臨時，只要有一定把握，首先考慮的是如何成功，而不是首先考慮失敗。

主動請纓，不僅僅需要擔當和勇氣，也需要底氣。鍾南山在呼吸疾病領域已經奮戰三十多年，積累了豐富的經驗。廣州呼吸疾病研究所是一個呼吸系統疾病診斷、治療和研究中心，在呼吸衰竭救治方面已經積累了二十多年的經驗，也有霍英東基金會捐資建成的、設備先進的呼吸危重症監護中心作為重症「非典型肺炎」病人的救治工作平台。他相信要搶救「非典型肺炎」重症病人，廣州呼吸疾病研究所比其他醫院更具有優勢。他也瞭解廣州呼吸疾病研究所這些朝夕相處的同事，他們有經驗，有擔當，如果把重症病人送到這兒來，病人獲救的機率會大些。再則，這些重症病人傳染性強，如果所有醫院都收治的話，潛在的傳染區域就擴大了。只有將他們集中起來，才能控制、縮小在救治病人過程中的傳染範圍。除了以上所述，鍾南山認為，將重症病人集中於研究所，對於研究所來說，也是機遇。研究所將直接接觸到最全的「非典型肺炎」病例，從學術角度看，實際上獲得了個好機會，可以充份運用豐富的病例資源，細化研究，深入探討，並可以嘗試做出創新。

鍾南山身先士卒，奮戰在第一線。他把自己的意圖明確告訴並肩作戰的同事們。他信任大家，也得到了大家的信任。他親自檢查病人，救治重症患者。他就在第一線，就在醫務人員之中，就在病人之中。他的手機二十四小時開機，不僅要隨時處理廣州呼吸疾病研究所收治病人所遇到的疑難問題，而且隨時準備回應指導廣州大小醫院的求教。當鍾南山向廣東省衛生廳請命「把最重的病人都送到我這裏來」時，他就已經將自己，將這裏的所有醫務人員與研究所形成了生命共同體。「我」就是研究所，研究所就是「我」。他的決定是將一個個瀕臨絕境的重症患者，往「生」的境地送，卻把廣州呼吸疾病研究所推向最危險的傳染區域。在決定的那一刻，鍾南山就背負起了必須保證研究所所有醫務人員平安闖過疫情的沉沉重壓。令他欣慰的是，研究所的所有醫務人員無一人退縮，全都義無反顧地跟著他與死神賽跑，從病魔手中搶回一個又一個的生命。

廣州呼吸疾病研究所陸續有醫生、護士倒下，其他醫院也有染病的醫務人員一個個被送到這兒。鍾南山感到萬箭穿心。他為染病的醫務人員制訂治療方案，每天問候患病的醫務人員。每天不管多累，多忙，他都到廣州醫學院的病房走一趟，瞭解每一位醫務人員的身體狀況，檢查每一位醫務人員的隔離措施。在抗擊「非典型肺炎」戰役最艱難的時刻，社會上依舊有著對醫務人員不信任和誤解的雜音，鍾南山痛心疾呼，呼籲全社會給予無私無畏與病魔抗爭著的醫務人員以信任、尊敬和支持。

鍾南山帶領廣州地區的專家，與香港大學醫學院微生物學系合作，成立了「廣州非典型肺炎流行病學、病原學及臨床診治課題小組」，兩地專家攜手合作。鍾南山和課題小組全力以赴鑽研疾病的治療方法。

疫情的陰霾，森冷地向外擴張，二〇〇三年三月底，「SARS」疫情已經在好幾個國家出現，後來很快蔓延到澳大利亞、新加坡、加拿大等其他國家和地區。

四月三日，鍾南山在廣州代表廣東省非典型肺炎醫療救護專家指導小組，向世界衛生組織專家小組做匯報。

世界衛生組織的專家，原本對中國應對「SARS」的能力表示懷疑，然而在聽了鍾南山翔實的匯報後，非常震驚。他們對中國人的工作做出了充份肯定：「有些經驗，是通過生命和鮮血換來的。鍾南山教授的經驗十分豐富，這些經驗對於全世界抗擊『SARS』工作都是寶貴的財富。在防治『SARS』方面，廣東做了大量的工作。」

這是鍾南山第一次與世界衛生組織接觸，他讓世界衛生組織看到了中國在應對「SARS」這一世界級醫學難題時無畏的態度與認真鑽研探索的精神。中國人在實踐中有了答案！此時，鍾南山站在國際專家面前再一次為中國贏得了讚譽。鍾南山對自己所做的匯報之成功並不在意。他覺得，自己不過是在盡本分完成任務。匯報中國抗擊「SARS」的情況很重要，實事求是說出自己的想法很重要，但更重要的是，鍾南山希望解決問題！五天的時間，以鍾南山為代表的廣東省專家與世界衛生組織專家進行了很好的交流。他們交流了病人的診療問題、流行病學的規律問題，對「SARS」進行了病原學的探討，彼此建立了友好關係。大家的目標一致：共同面對人類的疾病。

在廣州市科技局舉行的廣州地區非典型肺炎病原研究進展發佈會上，鍾南山發言宣佈，截至四月十日，四月份廣東省非典型肺炎發病人數與上月同期相比呈明顯下降趨勢。三月份以後病人極少死亡，絕大部份病人已治癒。《廣東省醫院收治非典型肺炎病人工作指引》、《廣東省公共場所預防控制非典型肺炎工作指引》、《廣東省學校、托幼機構預防與控制非典型肺炎工作指引》的頒佈，有力地指導了各地的「SARS」防治工作。鍾南山在會上總結了廣東防治非典型肺炎的三點主要經驗：一是重視流行病學、病原學、臨床醫學的資訊交流；二是充份利用總結出的四項有效的臨床治療經驗，即中西醫結合治療、按需求適當地使用大劑量的類固醇、無創通氣和重視繼發性感染；三是及時將危重非典型肺炎患者集中到專科醫院救治，從而減少交叉傳染，提高救治成功率。

正是在以鍾南山為代表的專家的堅持下，廣東抗擊「SARS」得以朝著正確的方向前行。在以鍾南山為代表的廣東醫務勇士們的捨身奮戰下，廣東省抗擊「SARS」取得了卓有成效的進展。也正是他們以事實為依據，從實踐中摸索出來的不循常規的有效措施，成為中國抗擊「SARS」的診治指南基礎，使得廣東省的「SARS」病死率（百分之三．八）全球最低。

說，還是不說

三月的北京，人們生活照常。中國南方那致命的「SARS」疫情，也似乎只存在於報紙上、電視螢幕上。生活在北京的人們對於那致命的、傳染性極強的肺炎，於閒談中聊上幾句，也就不以為意了。危險未來臨，大家都理所當然地高枕無憂。

他們不知，「SARS」疫情，已悄然潛入北京。三月六日，中國北京出現了第一個「SARS」病例。

「SARS」以迅雷不及掩耳之勢，氣勢洶洶地在首都北京宣告自己的存在。三月二十八日，世界衛生組織將非典型肺炎正式命名，並指出「SARS」已在全球蔓延。四月十二日，世界衛生組織宣佈將北京列為疫區。人們開始惶恐不安，原本熙熙攘攘的街道一下子冷清下來，人們不再熱中於聚會，所有出門在外的人都戴著口罩，捂緊衣袖領口，全副武裝。

清明時節，遠在廣東的鍾南山為父母掃墓。在父親鍾世藩的墓前，鍾南山凝神看著父親長眠之地，彷彿看見了時光彼端的父親，威嚴剛毅，時刻提醒著他要做個誠實、正直的醫者。

「爸爸，我該說，還是不說？」

父親的長眠之地，靜寂肅穆，可他分明聽到父親的話，穿越時空、穿越生死而來：「實事求是！」

鍾南山站在父親的墓前，目光堅毅篤定，一如他所敬重的父親。

四月十日，鍾南山北上，參加北京為世界衛生組織官員和中外記者召開的新聞發佈會。有記者問道：「是不是疫情已經得到了控制？」

鍾南山面對聚焦的目光，面對一個個鏡頭，面對長槍短砲般伸向他的麥克風，說出了早就鬱結於心的話語：「什麼現在已經控制？根本就沒有控制！」

會場譁然。

鍾南山繼續說道：「最主要的是，什麼叫『控制』？現在病原不知道，怎麼預防不知道，怎麼治療也還沒有很好的辦法，特別是不知道病原在哪裏！現在病毒還在傳播，怎麼能說是控制了？」

全場肅然。

鍾南山威嚴而坦誠地說：「我們頂多是遏制，不叫控制！從醫學方面的角度看，這個病並沒有得到有效控制。我們不要用『控制』這個詞，應該用比較客觀的『遏制』這個詞。因為這個病本身的病原都沒有搞清，你怎麼能控制它？」

面對記者的提問，鍾南山作答迅速。他實事求是地正面回覆，是就說是，不是就說不是，這是父母從小就要求他做到的。這也是他為人處世一貫的作風。現在，既然他被推向萬眾矚目的焦點，那麼，就坦誠作答，承擔他所該承擔的。

在這次新聞發佈會上，鍾南山講了三個關鍵問題：要對病毒進行更多研究；醫務人員要加強防護；要進行更多的國際交流合作。

四月十一日下午，廣州呼吸疾病研究所擬在次日下午舉行新聞發佈會，宣佈從廣東非典型肺炎病人氣管分泌物中分離出兩株新型冠狀病毒，顯示冠狀病毒的一個變種極可能是非典型肺炎的主要病原。四月十二日，廣州各大媒體首次公佈，在廣東爆發的

「SARS」，病原體「冠狀病毒」已找到。

四月十六日，世界衛生組織正式確認冠狀病毒的一個變種是引起「SARS」的病原體。世界衛生組織的結論，證實了以鍾南山為代表的廣東醫學專家對「SARS」病原所下的結論是正確的。在病原體之爭上，鍾南山始終堅持實事求是的態度，尊重科學，尊重實踐，不唯上，不唯書，只唯實。

四月二十日下午，中國國務院新聞辦公室舉行新聞發佈會，通報了全國非典型肺炎防治工作情況。中國抗擊「SARS」的戰役打開了新局面。

四月二十三日召開的中國國務院常務會議，決定成立國務院防治非典型肺炎指揮部，由時任副總理吳儀任總指揮，中央財政設立二十億元人民幣的非典型肺炎防治基金。

鍾南山多次在公開場合表明了對「講真話」的觀點：「誠實、誠信永遠是上策。講真話的可貴之處，不在於它的對與錯，而在於它是心裏話。」

歷史不會忘

二〇〇三年四月二十六日，中國中央電視台《面對面》節目播出記者與鍾南山院士的訪談錄，引起廣泛關注。在這期訪談節目中，鍾南山坦誠回答了「SARS」來襲時的心理狀態、自己的情緒與信念，自己與醫務同仁的所作所為所想，以及面臨的挑戰與克服的重重困難，還有探究病原體、嘗試國際協作的曲折與艱辛，坦言自己發聲糾正「控制」與提出「遏制」的原因。在訪談中，面對記者提出的尖銳問題，鍾南山坦蕩地回答：「我們搞好自己的業務，以及做好疾病防治，這個本身就是我們最大的政治。你在你的崗位上，你能夠做得最好，這就是最大的政治。」

鍾南山的真誠與擔當，令大眾深受觸動。他仗義執言，一身正氣，不計個人得失，堅持真理，在中國人心中樹立起抗擊「SARS」的勇士形象。

二〇〇三年，國際臨床醫學權威雜誌《柳葉刀》刊發了鍾南山和其團隊研究人員合著的論文〈在廣東出現的非典型病原體〉。這篇論文，是以鍾南山為代表的中國醫務研究人員為人類抗擊疫病貢獻的寶貴文獻。

「SARS」疫情期間，鍾南山孜孜以求，為找到真正的病原體忍辱負重，尋求多方協作；他以事實為據，不明哲保身，堅持「病毒」說；他突破常規，在實踐基礎上大膽開創新療法，嘗試以類固醇控制病情；他在危急關頭挺身而出，主動請纓，說出真相；他為中國發聲，維護中國形象。

「SARS」疫情後期，鍾南山繼續進行艱苦的探索，尋找病毒宿主；二〇〇四年他在「SARS」重襲謠言四起之時，以正義、求實的形象，擊破謠言，再次獲得大眾的信服，「SARS」戰役完美收場。他是中國當之無愧的抗擊「SARS」的勇士與功臣。二〇〇三年四月二十一日《人民日報》刊登的〈站在抗擊『非典』最前沿〉一文中，對鍾南山有如下評述：「歷史不會忘記為防治『非典』無私無畏、勇於奉獻的醫務人員，也不會忘記鍾南山——這位中國醫療界的傑出代表，站在抗擊『非典型肺炎』最前沿的科學家……在抗擊『非典』的搏殺中，鍾南山院士用他大無畏的獻身精神、實事求是的科學精神、拯救生命於死神的博愛精神，告訴了我們，什麼是醫生的天職。」

榮譽接踵而來，二〇〇三年，鍾南山當選中國先進工作者並榮獲中國五一勞動獎章、中國醫師協會「中國醫師獎」，還被評為全國衛生系統抗擊「SARS」先進個人、全國防治非典型肺炎優秀科技工作者、中國中央電視台「感動中國十大人物」，擔任世界衛生組織全球慢性呼吸疾病醫學顧問；二〇〇四年榮獲衛生系統最高行政獎勵「白求恩獎章」；二〇〇六年獲中國呼吸醫師獎；二〇〇七年榮獲中國道德模範（敬業貢獻獎）、中國十大科技英才，並被英國愛丁堡大學授予榮譽博士學位。二〇〇九年，入選「新中國成立六十年以來一百位感動中國人物」。評委會對鍾南山的評語是：在抗擊「SARS」時，他以實事求是的態度、勇往直前的大無畏精神，主動請纓收治重症病患，全力以赴地精心制訂醫療方案，以醫者的妙手仁心挽救生命，顯示出了科學家治學嚴謹的作風與高度的責任感。在關係到抗擊「SARS」成敗的重大問題上，他能置自身榮辱得失於度外，力排眾議，堅守科學家的良知。

服務於社會

鍾南山不僅僅是醫學泰斗，他的身上，亦彰顯了知識份子的道義責任與社會擔當。「SARS」之後，鍾南山聲名鵲起，他可謂當之無愧的中華醫學界呼吸疾病研究的權威。二〇〇五年，鍾南山當選中華醫學會會長。他是中共建政後中華醫學會七任會長中的第二位學者。鍾南山之所以擔任這個職務，就是想實實在在地為廣大醫務人員做點事。上任之後，他對中華醫學會的管理機制進行了改革，並對中華醫學會提出兩個要求：「民主」與「服務」。

除了擔任中華醫學會會長的社會工作之外，鍾南山還以中國人大代表和中國政協委員身分，認真執行代表職務和參政議政，服務國家與社會。他當選中國共產黨的十五大代表，歷任第八屆、第九屆、第十屆中國政協委員，第十一屆、第十二屆、第十三屆中國人大代表。「SARS」之後，鍾南山的勇者仁醫形象深入民心，他對社會問題的關注與建議，更加引人矚目。

讓我們看看他在歷年中國人大會議上的履職發聲：

二〇〇八年，鍾南山作為中國第十一屆全國人大代表，第一次參加全國人大會議。在分組討論中鍾南山為醫療改革提建議，獲得了參加廣東省代表團討論的時任總理溫家寶的肯定。

二〇〇九年，鍾南山參加中國人大會議，《廣州日報》刊發的「人大代表當學鍾南山」的報導，被人民網轉載。

二〇一〇年，鍾南山在中國人大會議上為醫改建言，建議若取消藥品加成應引入公益補償，認為公立醫院對醫改最大、最重要的貢獻是使公立醫院有助於提高其相應或輻射的社區城鎮的醫療水準和管理能力。

二〇一一年，鍾南山建議政府應該明確規定醫療衛生投入在國內生產總值中的比重，並建議國家制訂《中華人民共和國公共衛生法》。他認為這項法律應該包括四部份內容，一是預防控制突發疾病，如「SARS」、禽流感的爆發；二是改善與健康相關的自然和社會環境，如空氣質量的監控；三是保證基本的醫療服務；四是培養公眾的健康素養。

二〇一二年，中國人大會議期間，鍾南山為「看病難」、「看病貴」問題發聲。在分組討論時，他建議在全國展開 $PM_{2.5}$ 監測，在重點區域先行開展防治工作，從國家層面對優化產業結構、汽車廢氣治理和優化能源結構做出硬性制約。

二〇一三年，鍾南山在深入鄉村調查後，在中國人大會議上提交了關於治理霧霾的議案。

二〇一四年，鍾南山在中國人大會議上提出環境也是生產力、競爭力，經濟發展也需要綠色環境，建議將治霾成果納入政府公務員的考核體系。

二〇一五年，鍾南山在中國人大會議期間接受記者採訪，提出門診限號治標不治本，真正要解決的問題，是要恢復大醫院的公益性；環保部門的執法權應該在大氣汙染防治法修訂中得到加強；還就國產疫苗的安全性發表看法，強調不能在沒有依據的情況下得出「國內疫苗沒有國外安全」的結論。二〇一五年，治理霧霾降低 $PM_{2.5}$ 已經列入了北京所有區縣的政績考核指標中。鍾南山接受記者採訪時繼續就霧霾問題發聲，並做出展望：如果舉國上下決心治理霧霾的話，十年內解決問題還是有可能的。

二〇一六年，鍾南山指出缺兒科醫生的原因是醫院公益性缺失，醫改要瞄準醫院的公益性；藥品價格應該找專家研判。他直言自己對醫改七年的進程並不滿意，他建議公立醫院應當回歸公益性。

二〇一七年，鍾南山建議，醫改要加上醫德教育。

十六年，彈指一揮間，鍾南山主動承擔起公共衛生事件代言人的角色。他的發聲，推動了霧霾治理、室內空氣汙染治理，暴露了醫療改革的薄弱點。在中國每一次突發流感疫情的時候，公眾都能在第一時間看見鍾南山的身影。他的發聲，一言九鼎。「鍾南山說」，成為公眾所信服的聲音。而他也從沒辜負公眾的信任與期望。他帶領團隊探索建立了符合中國國情的呼吸道重大傳染病防控體系，建立了國際先進的新發特發呼吸道重大傳染病「防—治—控」醫療週期鏈式管理體系，推動了A型流感防控等公共衛生事件的圓滿處理，成為中國公共衛生管理體系發展的推動者和見證者。

在鍾南山身上，有著中國傳統知識份子勇於擔當、服務社會、知行合一的風骨，在大是大非面前，捍衛正義與真理，有著「雖千萬人吾往矣」的浩然正氣。在鍾南山身上，我們看到了源自他父親鍾世藩、母親廖月琴的清正之氣，而他們的精神氣質，與千百年來胸懷家國、心懷社稷的中華有識之士一脈相承。

上下而求索

在接受中國中央電視台《面對面》節目採訪時，記者曾問：「對於你個人來說，我覺得榮譽不是問題，學術地位也不是問題，那你這樣拚命是為什麼？」

鍾南山回答道：「想追求一個未知數，這就是我最大的動力。」

鍾南山時刻銘記於心的，是自己作為醫生服務病人的天職。「SARS」疫情之後，除了承擔各種社會工作、參政議政發聲出力外，鍾南山的工作重心，依舊在專業研究上。

慢性阻塞性肺疾病的發病與綜合防治研究，是鍾南山從二十世紀九〇年代起即致力研究的課題。鍾南山帶領協作團隊，在中國國家「十五」、「十一五」、「十二五」、

「十三五」計畫科技攻關項目的支持下，組織全國多家單位開展慢阻肺防治和研究的聯合攻關，取得了一系列的研究成果。

經過不懈的探索，鍾南山和他的協作團隊準確地闡述了中國慢阻肺患者的患病情況，確證了生物燃料是中國慢阻肺患者發病的重要危險因素，研創了適合國情的慢阻肺社區篩查技術，建立了適於基層和社區使用與推廣的慢阻肺管理系統，制訂了針對普通人群、慢阻肺高危人群、慢阻肺患者的分層精準綜合干預模式，開創性地研究了適合國情的慢阻肺早期干預防治的藥物——中國國產老藥羧甲司坦和塞托溴銨。

鍾南山認為，對於慢阻肺的防治，應該像防治糖尿病、高血壓一樣，進行早期干預，早期治療。同時，還應該找到患者用得起、經濟實惠的藥物。鍾南山和他的協作團隊研究發現，國產廉價的祛痰老藥羧甲司坦，可以減少百分之二十四·五的慢性阻塞性肺疾病的急性發作。這一成果來之不易，全中國有十三個城市、二十二家醫療單位的研究團隊參與了配合研究，聯合攻關。羧甲司坦療效顯著，老藥新用，藥價低廉，大大減輕了病人花錢治病的負擔。二〇〇八年，鍾南山在國際臨床醫學權威雜誌《柳葉刀》上發表論文〈關於羧甲司坦治療COPD的課題研究〉，展示了這一成果。這篇論文，以最高票獲得《柳葉刀》二〇〇八年度最優秀論文。

二〇〇九年，鍾南山赴羅馬出席四十多個國家代表共同參加的世界慢阻肺大會。他在會上介紹了中國對於慢性阻塞性肺疾病的預防、控制與治療情況。聽了鍾南山的介紹，各國代表對中國醫學研究者以社區系統工程早期干預手段，在解決防治慢性阻塞性肺疾病這一世界級難題上所取得的成績讚歎不已。中國在此研究領域的領先地位有目共睹。鍾南山在國際上公開建議，每個國家的醫療機構都應該建立對慢性阻塞性肺疾病早期干預的系統。他還建議開發中國家發展自己既便宜又有效的藥物市場，生產讓大眾用得起的藥物。他的建議，贏得會場上一片掌聲。

鍾南山常說：「科學研究既要頂天，也要立地。頂天就是抓住國際前沿、國家急需項目，立地就是要解決老百姓的實際問題。頂天的研究不能立地，不能緩解患者的痛苦，意義就會打折扣。」他是這麼說，也是這麼做的。在鍾南山的呼籲與推動下，經過十多年的努力，全國上下都增進了對慢阻肺的早期干預。鍾南山所倡導的針對慢阻肺的早期干預戰略在國際臨床醫療領域也起到了引領作用。

二〇一七年，慢阻肺研究團隊再出成果。鍾南山他們研究證明了處於無症狀或輕微症狀階段的早期慢阻肺患者，使用長效支氣管舒張劑——塞托溴銨，能產生顯著的臨床效果。該研究結果對於早期慢阻肺的診治具有重要的意義，再一次為國際上慢阻肺的診治開啟了新的戰略思路。他們的研究成果發表在《新英格蘭醫學雜誌》，引發全球呼吸疾病領域的轟動，這被鍾南山視為「SARS」後最滿意的一件事情。這時鍾南山也注意到了肺癌患病率的增加，又開始將目光瞄準推廣肺癌篩查的居民健康服務。

榮譽繼續源源不斷地湧向這位對事業執著追求、永不停下腳步的勇者仁醫。二〇一七年獲美國胸腔科學會「呼吸醫學巨人」殊榮。二〇一八年在中國慶祝改革開放四十週年大會上，他以「公共衛生事件應急體系建設的重要推動者」的身分，榮獲「改革先鋒」稱號。

「我得幹活……」他的話語，穿越時空，與當年老父親鍾世藩的話，呼應共鳴。鍾南山在公開場合，不止一次地說過當下他的三個追求：「第一個就是促進呼吸中心全方位建成，現在非常艱難，一定要通過大家的努力，想辦法搞成；第二個，我已經研究了二十六年的抗癌藥，我希望把它搞成，現在已經走過了大半路程；第三個，我希望使慢性阻塞性肺疾病的早診早治形成全國的乃至全世界的一個治療思想。」

在醫學探索的道路上，鍾南山跨越一道道障礙，執著前行。他的眼前，是無限接近，卻永難達到的科學完美之境，在這迷人的境地裏，他是永遠青春的強者，永遠抱有勇氣與力量，永遠抱有活力與生機。

少年與院士

二〇一九年八月三十一日，在一架從新加坡飛往廣州的客機上，一名九歲的男孩忽然感到身體不適，男孩的父親急忙向乘務員求助。恰好鍾南山同在機上，聞訊起身。哪兒有病人，哪兒就是他的戰場。

「鍾南山院士來了。這位是鍾南山院士……」

鍾南山行走在狹窄機艙內的過道上，飛機上所有的人都將目光集中在他身上，目光中帶著驚喜、尊敬與熱愛……他們熟悉「鍾南山」這個名字，甚至熟悉他出現在媒體上的形象，但從未想過，能親眼看到這位勇者仁醫。現在，鍾南山就在他們中間，熟悉卻又陌生。

鍾南山一如既往，俯下身，親切溫和地詢問小男孩和男孩的父親。他伸出手觸摸男孩出現紅疹的胳膊。他的身子俯得更低了，細細查看孩子。

「看起來像食物過敏引發的蕁麻疹。」鍾南山做出了診斷。他的嗓音平和，神色沉穩。確認孩子並無大礙後，鍾南山平靜地轉身返回座位。機上的乘客，親眼看到了鍾南山院士為男孩看病的這一幕，一道道的目光，訴說著對勇者的敬意。

已八十三歲的鍾南山，仍然堅守在臨床一線。他忙碌的身影，依舊出現在廣州醫科大學附屬第一醫院呼吸科門診。他如親人般對待每一位患者，他用自己的手先為病人焐熱聽診器；他扶起每一位病床上的病人，為他們測血糖、做觸診，檢測結束後，再扶著病人躺下，為他們掖好被子；在查看病人咽喉時，他自己也張開嘴，為病人示範

「啊」……他近似虔誠地履行著醫生的職責，他對病人的憐惜與體貼，感動著每一位前來就診的病人。病人期待著鍾南山，而為了不辜負期待，鍾南山不讓自己歇息。病人源源不斷地來，他就馬不停蹄地忙。每週三上午，他就出現在病房，帶領學生、醫生查房、會診，一直忙到中午十二點多。每週四下午是他的門診時間，病人太多，有時得一直工作到晚上七點多。除此之外，他得繼續開展研究工作，研討，開會，承擔各種社會職責，作為全國人大代表履職……鍾南山知道自己不能倒下，為了保持良好的身體狀態治病救人，他堅持鍛鍊，毫不馬虎。但人的血肉之軀，畢竟不是由鋼鐵築成，即使勇者有著堅強的毅力，在超負荷的工作強度下，還是會出現狀況的。

二〇〇四年，他得了心肌梗塞，做手術裝了支架；二〇〇七年出現心房纖顫，逼得他告別籃球場；二〇〇八年得了甲狀腺炎，短短兩個月瘦了五公斤；二〇〇九年又做了鼻竇手術……但是，他依舊站立著。找他看病的人太多太多了，有些病人，等不到鍾南山看診就已病逝。鍾南山談及他們，總是歸咎於自己。鍾南山不允許自己倒下，他身後，有那麼多需要他的病人。

國士的擔當

「SARS」過去十七年後，當疫情再次肆虐時，八十四歲的鍾南山義不容辭，再次出征。事情的起因是，二〇一九年十二月八日，武漢發現首例不明原因肺炎病例。十二月三十日，武漢市衛生健康委員會對外公佈，武漢陸續出現不明原因肺炎病人。十二月三十一日，國家衛生健康委員會專家組抵達武漢，展開檢測核實工作，武漢市衛生健康委發佈官方通報——發現病例二十七例，其中重症七例。但這一消息，依舊沒有打破迎接新年與春節闔家團圓的歡樂祥和氣氛。

二〇二〇年一月三日，武漢發現的不明原因肺炎患者增加至四十四例，其中重症十一例。一月七日，專家組初步判斷病原體為新型冠狀病毒。隨著武漢新型冠狀病毒肺炎病例的增多，疫情開始引發多方關注。鍾南山院士臨危受命，出任中國國家衛生健康委高級別專家組組長。

一月十八日十七點，鍾南山從廣州前往疫情中心武漢。事態緊急，乘坐高鐵列車的他，只能將就著坐在餐車一角。列車一啟動，鍾南山高強度的工作就開始了，他在車上研究文件，倦怠至極，也只能仰靠座椅閉目稍作休息。八十四歲的鍾南山在餐車一隅蹙眉閉目稍作休息的照片令多少民眾揪心感懷。到達武漢後，鍾南山根本顧不得舟車勞頓，馬上聽取武漢方面的疫情匯報，一番勞碌之後已是深夜，他方得以歇息。

一月十九日上午，鍾南山前往武漢金銀潭醫院和武漢疾病預防控制中心瞭解情況，中午都無法休息，接著開會到下午五點，隨後乘機趕往北京，參加國家衛生健康委員會的會議，至二十日深夜兩點左右才歇下。一月二十日，鍾南山清晨六點起床，又開始了高強度工作的一天：研究文件、查閱資料、準備材料，而後參加全國電話會議、新聞發佈會、媒體直播連線……忙碌至深夜。

武漢疫情，備受關注，新型冠狀病毒的源頭在哪兒？是否存在人傳人的現象？各方傳言、各種猜測四起，大眾迫切想聽到讓他們信服的聲音。在民眾眼裏，鍾南山代表著正直，代表著科學，代表著權威。「鍾南山說」從沒辜負過公眾的信任與期望。現在，大眾期盼的「鍾南山說」終於又出現在大家面前了。一月二十日晚，鍾南山接受中央電視台直播採訪時直言不諱：基於武漢和廣東病例，確認新型冠狀病毒可以人傳人，目前已出現醫務人員被傳染。病毒源頭不清楚，但可能是竹鼠、獾這類野生動物。民眾如無必要，近期不要去武漢，有發熱症狀及時就醫。若大家買不到 N95 口罩，醫用外科口罩也可以起到阻隔飛沫傳播的作用。防控要點是阻止出現超級傳播者。他表示，此次肺炎疫情僅用兩周時間就定位了新型冠狀病毒，加上很好的監控和隔離制度，大家要有信心。

鍾南山的發聲，平復了諸多謠言與不實訊息的影響，將新型冠狀病毒肺炎人傳人的傳染性與已有醫務人員感染的疫情態勢如實呈現在大眾面前，讓全中國站在真相的面前，理智思考。

一月二十日之後，中國迅即推進防疫工作，各省市快速反應，對新型冠狀病毒肺炎部署「早發現、早隔離」的防疫措施。一月二十三日，武漢關閉機場、火車站離漢通道，果斷地強制阻斷武漢已感染人群向外省區市的進一步蔓延。一月二十三日上午，浙江率先啟動重大公共突發衛生事件一級響應，此後至二十五日，除當時尚未發現疑似或確診新型冠狀病毒肺炎病例的西藏外，全國已有三十個省市自治區啟動重大公共突發衛生事件一級響應。武漢決定在火神山醫院之外，再建一所「小湯山醫院」——武漢雷神山醫院。

抗擊新型冠狀病毒大戰的帷幕就此拉開。

一月二十八日，鍾南山接受新華社採訪，明確疫情還是局部爆發，他說，大家的勁頭上來了，有全國人民幫忙、大家幫忙，武漢一定能夠過關。「武漢本來就是一個英雄的城市……」他說到這裏，沉默片刻，強忍對武漢人民受疫情之苦的悲憫和對國人萬眾一心的感動之淚。鍾南山鋼鐵意志背後的悲憫柔情，令人震撼動容。

《人民日報》官方微博這樣評價他：八十四歲的鍾南山，有院士的專業，有戰士的勇猛，更有國士的擔當。一路奔波不知疲倦，滿腔責任為國為民，的的確確令人肅然起敬！

當鍾南山還是個少年時，他想飛起來，像所有身懷絕技的俠士，高高飛起，像鳥兒一樣。少年漸漸長大，人生之路上諸多的磨難與歷練，錘煉著他的意志；天賦的才能，在他身上綻放發展，向他的生命深處探伸多條觸鬚。他是曾打破全國紀錄的運動健將，在文藝舞台上游刃有餘的歌者、舞者、黑管演奏者，是仁愛的醫生，嚴格的導師，開明的領導，學術權威……他的天賦與意志，賜予他生命發展的多種可能，但他最終專注於醫學，執著探索，並將自己的才幹發揮到極致。

事實上，鍾南山已經圓了年少時的夢。如今的他，就是一位身懷絕技的勇士，用自己淵博的知識、過人的醫術和力量，為千千萬萬的病人撐起牢靠的保護傘，為他們抵擋肆虐的病魔。但他的貢獻遠不止於此。黃庭堅在〈書幽芳亭記〉中寫道：「士之才德蓋一國，則曰國士。」當兩次疫情肆虐，給民眾帶來危難之時，鍾南山逆向而行，挺身而出。他張開雙臂，為整個國家和民族，擋住風雨冰霜；用凜然風骨，詮釋了「國士」風範。

鍾南山曾說過這麼一段話：「始終不安於現狀，這好像是我生命的主軸，哪怕是在『文化大革命』的時候也是這樣，所以我一直在往前走。假如所有人都有這麼一顆恆心，都有一個追求，然後努力朝前走，就會有很大的收穫。每個人都能這樣，不枉過這一生，這個社會就會進步很快，國家也會進步很快。」

「不枉過這一生」，鍾南山執著向前，用行動詮釋著對國家之愛，對人民之愛，對生命之愛。

嗨！有趣的故事

鍾南山

責任編輯：苗　龍
裝幀設計：盧穎作
著　　者：李秋沅

出　　版：中華教育
香港北角英皇道 499 號北角工業大廈一樓 B
電　　話：(852) 2137 2338
傳　　真：(852) 2713 8202
電子郵件：info@chunghwabook.com.hk
網　　址：http://www.chunghwabook.com.hk

發　　行：香港聯合書刊物流有限公司
香港新界荃灣德士古道 220-248 號
荃灣工業中心 16 樓
電　　話：(852) 2150 2100
傳　　真：(852) 2407 3062
電子郵件：info@suplogistics.com.hk

版　　次：2021 年 8 月初版

規　　格：16 開（210mm × 148mm）
I S B N：978-988-8676-43-9

本書繁體中文版由接力出版社、黨建讀物出版社共同授權出版